Nadine Stegelmeier

Mein Begleiter durch die

Rauhnächte

camino.

Bildnachweis

Sofern nachfolgend nicht anders gekennzeichnet, stammen alle Bilder einschließlich der Umschlagbilder von Ralf Stegelmeier.

S. 26: shutterstock.com, Belinka

S. 70: shutterstock.com, Vano Vasaio

S. 148: shutterstock.com, Marisol Araujo

S. 184: Fotostudio A/Blöchinger

Wir bedanken uns bei den Freilichtmuseen Finsterau, Massing und Tittling, die erneut eine stimmungsvolle Kulisse für unsere Bilder boten.

Haftungsausschluss

Die veröffentlichten Ratschläge wurden mit größter Sorgfalt überdacht, dennoch kann keine Garantie für etwaige Unfälle bei der Ausführung übernommen werden. Ebenso ist eine Haftung des Verfassers sowie des Verlages für Personen-, Sach- oder Vermögensschäden ausgeschlossen.

Alle Angaben in diesem Buch beruhen auf persönlichen Erfahrungen und persönlichem Erleben. Sie haben keinen Anspruch auf Richtigkeit oder Wirksamkeit im Allgemeinen.

MIX
Papier aus verantwortungsvollen Quellen
FSC® C014138
www.fsc.org

1. Auflage 2022

Ein camino.-Buch aus der
© Verlag Katholisches Bibelwerk GmbH, Stuttgart, 2022
Alle Rechte vorbehalten

Gesamtgestaltung: Finken & Bumiller, Stuttgart
Umschlagmotiv: © Nadine Stegelmeier
Druck und Bindung: Finidr s.r.o., Lípová 1965,
737 01 Český Těšín, Tschechische Republik
Verlag: Verlag Katholisches Bibelwerk GmbH, Silberburgstraße 121,
70176 Stuttgart

www.bibelwerkverlag.de
ISBN 978-3-96157-183-3

INHALTSVERZEICHNIS

HINFÜHRUNG

Vieles in unserem Leben wird von Erinnerungen getragen, die tief in uns schlummern. Manchmal glimmen sie wie schwache Funken lange vor sich hin, ehe sie durch eine gewisse Stimmung oder Begebenheit wieder entfacht werden. So hat sich vor meinem inneren Auge ein Bild eingebrannt und sicherlich maßgeblich zu meiner Faszination für den Themenkreis rund um die Rauhnächte beigetragen. Immer wenn es wieder aufs Jahresende zugeht, die Tage düsterer werden und die Stimmung merklich mystischer wird, sind jene alten Bilder ganz präsent: Als kleines Mädchen beobachtete ich auf dem Hof meiner Großeltern, wie meine Oma ihre große, rostige Räucherpfanne auspackte und darauf ihr Räucherwerk, welches traditionell aus Weihrauch und Wacholder bestand, auf glühende Kohlen legte und den wohlduftenden Rauch durch die kleinen Zimmer und dunklen Stuben ziehen ließ. Dieser Duft leitete eine ganz besondere Stimmung ein und instinktiv spürte ich, dass über diesen Tagen etwas Tiefes und Innigliches lag. Wenn dann abends der alte Holzofen knisterte, wusste meine Oma viele Geschichten zu erzählen, von dämonischen Wesen, die in den Rauhnächten ihr Unheil trieben, von allerlei Geboten und Lehrsätzen, an die man sich zu halten hatte und von Vorzeichen, auf die man achten musste, um die Geschicke des neuen Jahres vorausahnen zu können. Mein Opa notierte sich in diesen Tagen alles, was um ihn herum geschah, in ein abgegriffenes, vergilbtes Notizbüchlein: das Wetter, seine Träume, zufällige Begegnungen oder Erlebnisse, die ihm widerfuhren. Dieses Büchlein begleitete ihn dann durch das kommende Jahr und oftmals verkündete er erfreut, dass sich eine in jenen Rauhnachtstagen getätigte Prophezeiung im Jahreslauf bewahrheitet hatte.

Zur Lebenswelt meiner Großeltern gehörten die alten Mythen und Sagen wie selbstverständlich dazu. Und als sich die Zeiten schon längst geändert hatten, waren die alten Glaubenssätze von früher noch tief in ihrem Bewusstsein verankert. Vielerlei solcher Ermahnungen und Gebote, so unter anderem keine Wäsche zu waschen oder aufzuhängen, nichts zu nähen und allgemein keine anstrengenden körperlichen Tätigkeiten auszuführen, sind rund um jene mystischen Tage zum Jahresende überliefert. Bei deren Nichteinhaltung drohte immer ein Schrecknis, zum Beispiel das Erscheinen von Dämonen oder gar des Teufels höchstpersönlich.

Mit dem heutigen Wissen in unserer derzeitigen Lebenswelt mag man sicherlich so manches als unnützen Aberglauben belächeln. Dabei vergisst man aber, dass auch damals schon eine gewisse Funktion hinter den Glaubenssätzen und Regeln steckte. Es ging darum, an diesen leisen Tagen zum Jahresende innezuhalten, abseits des anstrengenden Arbeitsalltags in sich hineinzuhorchen, das Alte abzuschließen und Raum für das Neue im bevorstehenden Jahr zu schaffen.

So wie die Rauhnächte viele Jahrhunderte hindurch eine Zeit der inneren Andacht und der stillen Besinnung waren, bieten sie uns auch heute noch die Möglichkeit, der Hektik unserer lauten Tage zu entfliehen und wieder mit den ureigenen Wünschen und Bedürfnissen unserer Seele in Berührung zu treten.

Dieses Buch möchte uns helfen, sich das alte Wissen zu Nutze zu machen und heute Kraft und Sinnhaftigkeit aus den Überlieferungen der vergangenen Tage zu schöpfen. Es bietet die Möglichkeit, spezielle Erlebnisse oder besondere Begebenheiten festzuhalten und später auszuwerten, ganz wie es mein Opa einst mit seinem Notizbüchlein hielt. Zusätzlich wird ausführlich auf den uralten Brauch des Räucherns eingegangen und eine jede Rauhnacht wird von einer eigenen, von alters her überlieferten, Räuchermischung begleitet.

Aufrichtig bedanken möchte ich mich an dieser Stelle für die positive Resonanz zu meiner ersten Veröffentlichung „Rauhnächte – die schönsten Rituale". Einiges daraus wird in diesem Buch erneut angeführt, wiederholt oder vertieft. Ich hoffe, den mir treu gebliebenen Leser damit nicht zu langweilen. Um sich eingehender mit der Thematik zu befassen, muss man die erste Ausgabe nicht gelesen haben, sie böte allerdings einige Erweiterungen und Vertiefungen des Wissensschatzes rund um die Rauhnächte an. Man kann dieses Workbook also entweder als praktische Ergänzung zum vorangegangenen Werk betrachten oder aber als eigenständige Lektüre verwenden.

Vielleicht gelingt es mir ja ein wenig, auch in Ihnen einen kleinen Funken zu entfachen, der schon lange im Verborgenen schlummert oder zumindest für die leise Magie jener Tage das Bewusstsein zu schüren und für die Möglichkeit, mit Hilfe des alten Wissens bis in unser tiefstes Innerstes vorzudringen. Möglicherweise sind und waren die schaurigen Gestalten und dämonischen Wesen, welche die dunkle Mythenwelt der Rauhnächte bevölkern, auch Ausdruck der Angst vor Veränderung und Verwandlung oder Angst vor seelischem Wachstum: Angst davor, dass wir anders werden, wenn wir erst einmal entdecken, welche Möglichkeiten in uns schlummern. Es gibt keinen besseren Zeitpunkt, sich dieser Wandlung zu stellen und seine inneren Dämonen zu besiegen, als in den Rauhnächten.

Es gilt also zum Grundliegenden vorzudringen, innerlich wie äußerlich, sich selbst wiederzufinden und zu erspüren, worauf es im Leben wirklich ankommt. Über viele Jahrhunderte hindurch waren die Rauhnächte eine Zeit der Besinnung und der inneren Andacht. Auch heute noch bieten sie die Möglichkeit, aus dem täglichen Hamsterrad zu entfliehen, mit dem Takt der Natur in Einklang zu kommen und den Blick wieder den essentiellen Dingen des Lebens zuzuwenden: der Liebe zu sich selbst, seinen Nächsten und zu Gott.

Beständig werden die alten Bräuche mit in die Betrachtungen einfließen und teilweise neu interpretiert. So kann dieses Buch allen Suchenden helfen, sich die Rauhnächte zu eigen zu machen, die Sprache der alten Bräuche und Rituale zu verstehen, sie in das moderne Leben zu integrieren und sicheren Schrittes auf dem Grat zwischen Vergangenheit und Gegenwart zu schreiten, ein konstantes Wandeln zwischen Damals und Heute.

DIE RAUHNÄCHTE
IN FRÜHEREN ZEITEN

Oft ist im Zusammenhang mit den Rauhnächten von „den alten Zeiten" die Rede und davon, wie die Menschen früher gelebt haben. Es sollte aber nicht nur ein nostalgisches Sehnen nach vergangenen Tagen erweckt, sondern verdeutlicht werden, wie tief die Wurzeln von Brauchtümern und Traditionen verankert sind und von welch elementarer Bedeutung der Brauchtumsschatz für die Menschen damals war. Unsere Vorfahren erlebten die Rauhnächte als eine rohe und unheimliche Zeit, mit einem geschärfterem Empfinden aller Sinne, als wir es unter unseren heutigen Lebensumständen noch nachvollziehen können. Der Winter konnte früher in der Tat lebensbedrohlich sein, die Kälte konnte einem an den Leib rücken und vielfach wurden die dunklen Tage auch für allerlei Raubzüge und andere Schurkereien genutzt. Oft spiegeln die alten Märchen und Sagen, zum Beispiel der Mythenkreis um die Wilde Jagd, nicht nur mythologische Ereignisse wider, sondern die konkrete Angst vor der Dunkelheit, den unbarmherzigen Witterungen im Winter und allem, was in den langen Nächten lauerte.

Unsere Vorfahren waren in einer Art und Weise in den Rhythmus der Naturgezeiten und -geschehnisse eingebunden, wie wir es uns heute nicht mehr vorstellen können. Es war entscheidend, wie die Ernte ausfiel, wieviel Holz angehäuft oder welche Nahrungsmittelvorräte vorhanden waren. Man war auf die Gemeinschaft im Dorf, auf die Hilfe untereinander und auf Nächstenliebe angewiesen, um manche Situationen überstehen zu können. Wie nachvollziehbar wird es unter dieser Betrachtungsweise, welche Vorfreude auf die hellere Jahreszeit herrschte, welch große Bedeutung es im Lebensrhythmus der Menschen hatte, wenn die Natur wiedererwachte und der Alltag durch Licht und Wärme etwas weniger beschwerlich wurde. Ebenso stimmte man sich auf die dunkle und kalte Jahreszeit ein, indem man sich durch viele Rituale und Schutzzauber gemeinsam Mut machte und stärkte. Das erklärt die große Bedeutung der Sommer- und Wintersonnenwende. Solche Zeitpunkte und Naturschauspiele stellten für die Menschen einschneidende Punkte im Jahreslauf dar. Die Zeit der Wintersonnenwende war nicht nur ein meteorologisches Datum, sondern sie bedeutete auch ein Ereignis oder einen Wendepunkt im Leben der Menschen, sowohl für das Individuum als auch für die Gesellschaft. Die Auswirkungen dieser elementaren Ereignisse färbten unmittelbar auf alle Menschen, Tiere und Pflanzen ab. Ebenso verhielt es sich mit den Wesen der Anderswelt und den Geistern der Toten. Sie spielten im Leben der Menschen stets eine Rolle und kehrten regelmäßig zum Jahresende in die Gemeinschaft der Lebenden zurück, um die Menschen an ihre eigene Sterblichkeit zu erinnern und sie zu gemahnen, sich mit dem ständig präsenten Grenzbereich zwischen Leben und Tod auseinanderzusetzen. Auf diese Weise gerieten die Toten und auch die Gebräuche der Ahnen nicht in Vergessenheit und das Leben hatte stets einen tieferen Sinn. Betrachtet man all dies, ist es nicht verwunderlich, dass das Auge geschärfter war für die Dinge, die in der Natur vorgingen und dass die Seele empfindsamer war für Naturgeister und andere unerklärliche Phänomene. Mensch und Natur lebten in einem Einklang, die Lebensgrundlage der Menschen beruhte allein auf der Natur. Im Gegenzug wurden Tier- und Pflanzenwelt geehrt und geschützt. Das Vieh, das für das Überleben der Menschen ebenfalls eine wichtige Rolle spielte, wurde mit in den Alltag und auch in die Rituale eingebunden, wie es aus vielen alten Bräuchen deutlich wird. Oft erzählte man sich die alten Geschichten im Familien- und Freundeskreis in den langen, dunklen Abenden am wärmenden Herdfeuer sitzend. Auf diese Weise wurde Gemeinschaft geschaffen, der Zusammenhalt gestärkt und auch so manches Beispiel gegeben, wie man sich zu verhalten hat, welche Handlungsweisen gut und welche böse waren. All dies spiegelt sich in der nicht zu erfassenden Vielfalt der alten Brauchtümer wider, die sich aber im Grunde doch alle um die gleichen Thematiken drehen und in allen Regionen auf gemeinsamen Fundamenten fußen. Viele Bräuche, zum Beispiel Schutz- oder Abwehrrituale, bezweckten, dass die Gemeinschaft und der Zusammenhalt untereinander gestärkt wurde. Die Menschen konnten Kraft schöpfen und sich sicherer fühlen für allerlei Prüfungen, die ihnen im Alltagsleben bevorstanden.

Sagen, Märchen und Geschichten stimmten gemeinsam auf besondere Zeitpunkte im Leben ein, zum Beispiel auf Hochzeit, Geburt oder den Tod. Der Brauchtumsschatz stärkte die Menschen und erheiterte sie bisweilen auch, denn nicht alle Bräuche waren nur ernst zu nehmen. Die Bräuche gaben ihnen Hoffnung und Zuversicht. Sie schufen eine gemeinsame Identität in einem Leben, das in manchen Bereichen ungleich härter und grausamer war als unser heutiges Dasein. Viele der alten Bräuche und Rituale mag man in unserem sachlichen Jahrhundert als Aberglaube belächeln und als wertlos für die heutige Zeit einstufen. Dennoch verbindet sie alle ein entscheidender Punkt – eine ganzheitliche Perspektive auf alle Dinge: auf das Leben und auf den Tod, auf das Seelenleben, die Geisterwelt, auf die Natur und alle Vorgänge, die mit ihr im Zusammenhang stehen. Sie bieten eine existentielle Sicht auf alle Dinge der Welt und im Universum, die uns in unseren Tagen leider sehr abhandengekommen ist.

WIE KANN DAS ALTE WISSEN IN DER HEUTIGEN ZEIT NOCH VON NUTZEN SEIN?

Die Lebensumstände haben sich maximal gewandelt. Wir leben in einer Zeit, in der nur noch wenige Gemeinsamkeiten mit den vorangegangenen Jahrzehnten zu finden sind. Der Einfluss der Religion hat abgenommen, der Umgang mit der Natur, den Tieren und den Mitmenschen hat sich gravierend verändert. Die modernen Medien und technischen Errungenschaften ermöglichen es uns, uns über alte Bräuche und andere Kulturen umfangreich zu informieren und einen großen Zeitraum zu überblicken. Generell scheinen unsere heutigen Möglichkeiten unbegrenzt zu sein, in jeglicher Hinsicht. Und doch, oder gerade deswegen, lässt uns die heutige Zeit manchmal mit einer gewissen Leere in der Seele und vielleicht auch einer schwer zu definierenden Einsamkeit zurück. Das moderne Angebot an Zerstreuungsmöglichkeiten in allen Lebensbereichen ist schier endlos. Es lässt in uns, abseits vom stressigen Berufsleben, das Gefühl entstehen, dass man niemals allem gerecht werden, alles mitnehmen oder alle Aufgaben zufriedenstellend erfüllen kann. Und dennoch fehlt bei genauerer Betrachtung manchmal der tiefere Sinn dahinter. Wie lange und nachhaltig macht es uns glücklich, wenn wir uns etwas Neues kaufen? Berührt das wirklich unser Herz oder unsere Seele? Oder ist es nur eine kurzzeitige und oberflächliche Befriedigung eines viel tieferen Sehnens? Eines Sehnens, das sich auch in der Faszination für alte Zeiten und alte Bräuche widerspiegelt? Es geht nicht darum, das Leben von früher nachzuleben. Wir haben viele Elemente und Errungenschaft in unserer modernen Zeit, die man uneingeschränkt genießen kann. Es geht vielmehr darum, wieder etwas genauer hinzuhören und hinzusehen, so wie es auch die Alten getan haben. Dabei sind gar nicht so sehr übersinnliche Wahrnehmungen und esoterische Erlebnisse wichtig, sondern vielmehr ein Umdenken, das im Kleinen beginnt. Das alte Brauchtum kann uns lehren, die Qualität des Lebens neu zu erspüren, zu erkennen, was vielleicht nicht so wichtig ist und uns mehr Kraft kostet als Lebensglück beschert. Es gilt das Leben wieder ein bisschen zu entschleunigen und den Geist ein klein wenig zu öffnen für den Zauber des Lebens und der Natur. Zudem kann man vielleicht auch bewusster schätzen, was wir in der heutigen Zeit alles leben und erleben dürfen.

Bräuche und Rituale müssen für uns keine Schutzfunktion vor Verwünschungen oder Verhexungen bieten oder uns elementare Überlebensfunktionen sichern. Aber sie können uns helfen, wieder näher zu uns selbst zu finden. Und sei es nur, indem sie die Distanz zu unserer Kindheit überwinden helfen und die damit verbundene Fähigkeit, uneingeschränkt Magie und Zauber in allen Dingen zu erkennen. Bei all den Reizen der heutigen Zeit verkümmert unsere Phantasie immer mehr und wird stark vom allgegenwärtigen Alltagsstress überlagert. Die Sagen, Mythen und Brauchtümer können dem entgegenwirken und uns wieder zurückführen in eine Welt, die nicht aus reiner Sachlichkeit besteht. Diese Welt regt die Phantasie an, bringt die Seele zum Klingen und behebt die vielseitig beklagte Entfremdung von der Natur- und Pflanzenwelt.

Geballt treten all diese Phänomene in den Rauhnachtstagen in Erscheinung. In ihnen ist alles miteinander verbunden, was in unserer nüchternen

Moderne scheinbar verloren gegangen ist. Genau aus diesem Grund eignen sich diese Tage wunderbar, um uns zu verdeutlichen, was in unserem Leben manchmal dieses leise Gefühl der Leere hervorruft, obwohl wir vermeintlich alles haben. Viele Menschen können in der heutigen Zeit diese Sehnsucht immer stärker spüren, selbst wenn sie dieses Gefühl noch nicht direkt greifen oder deuten können. Das Interesse an den alten Bräuchen nimmt wieder zu, so sind zum Beispiel die Perchtenläufe, die noch durchgeführt werden, rege besucht und auch die alte Tracht erfreut sich wieder wachsender Beliebtheit. All diese Dinge kann man problemlos in den eigenen Alltag mit einbinden. Die Beschäftigung mit dem Alten heißt nie, dass man mit allem Modernen brechen muss. Es könnte vielmehr ein sich gegenseitig durchdringendes und bereicherndes Nebeneinander werden, indem man sich der Vorzüge der Moderne bewusst ist, sich aber nicht gänzlich von ihnen vereinnahmen lässt, sondern wieder mehr auf sein Innerstes lauscht. Dann wird sich wie von selbst eines in das andere fügen, genauso wie sich auch die uralten Bräuche immer wieder in die neueren Lebenswelten und -umstände gefügt haben.

Bei den meisten Bräuchen lässt sich gar kein genauer Entstehungszeitpunkt ausmachen. Vieles hat uralte Wurzeln und wurde im Lauf der Jahre weitergegeben und veränderten religiösen oder kulturellen Umständen angepasst. Ein einschneidendes Beispiel dafür ist die Zeitspanne des Überganges der Naturreligionen ins Christentum. Viele Brauchtümer und Traditionen wurden zu dieser Gelegenheit modifiziert und der neuen Religion angepasst. Man erkannte damals sehr wohl den Nutzen des Brauchtumsschatzes und sah ein, dass es sinnlos und kontraproduktiv wäre, den Menschen ihre althergebrachten Sitten ganz zu nehmen. Stattdessen benannte man einiges um oder interpretierte eine neue Bedeutung hinein und erleichterte so den Menschen den Übertritt in den neuen Glauben und in die neue Lebensweise.

Ist es nicht schade, dass wir es in unserer heutigen Zeit nicht auch so halten können? Vielleicht könnte man einige der alten Bräuche auch unserer modernen Lebensweise anpassen oder in ihnen eine gewisse Brückenfunktion zur Vergangenheit erkennen?

Das Bewahren der Traditionen und des Brauchtumsschatzes ist von einer unermesslich großen Bedeutung. Gerade in der heutigen Zeit, in der sich eine zunehmende Unruhe und Orientierungslosigkeit unter den Menschen bemerkbar macht. In einer Zeit, in der vieles global und einheitlich gelöst wird, kommt Individualität an manchen Stellen zu kurz. Und genau hier kann der reiche Schatz an Traditionen anknüpfen und mit seiner regionaltypischen Individualität eine feste Konstante im Leben bieten. Er kann uns auf diese Art unterstützen, zu unseren vielseitigen kulturellen Wurzeln zurückzufinden. Traditionen können uns helfen, wieder einen tieferen Sinn in unserem Dasein zu finden und unsere Seelen reifen zu lassen. Sie zeigen uns, wie man das Leben schätzt, wie man innere Einkehr finden und eine tiefe Dankbarkeit gegenüber der eigenen Existenz und allem, was diese umgibt, lernen kann. Auf diese Art kann uns der Brauchtumsschatz dabei unterstützen, dem Leben eine größere Wertigkeit zu geben und einen gefestigten Platz darin einzunehmen.

DIE SCHWELLE INS NEUE

Seit alters her dient die Zeit der Rauhnächte dazu, sich auf das neue Jahr vorzubereiten, sich von Altlasten zu befreien und gestärkt mit neuer Kraft und reinem Herzen in das neue Jahr zu schreiten. Vieles von dem, was uns im neuen Jahr erwarten wird, können wir gezielt beeinflussen, manch anderes obliegt allein der Kraft des Schicksals. Und gerade in Momenten, in denen das Schicksal zuschlägt, ist es wichtig, innerlich gefestigt und mit gestärktem Herzen durch die Tage zu gehen. Jede Herausforderung beinhaltet immer auch die Möglichkeit, innerlich zu reifen und zu wachsen und die eigene Entwicklung voranzutreiben. Und jedes Jahr aufs Neue leiten die Rauhnachtstage die Reise ein, die aus der Dunkelheit ins Licht führt.

WIE DER WEG ZU BESCHREITEN IST

Die Rauhnächte öffnen das Tor zur Anderswelt und bieten einen Zugang in eine Welt voller Magie. Inwieweit diese genutzt wird, ist jedem selbst überlassen. Vielleicht möchte der eine die Tage einfach nur nutzen, um innerlich zur Ruhe zu kommen, sich zu entspannen und die Hektik des Alltags- und Berufslebens hinter sich zu lassen, während ein anderer nach einem tieferen Sinn sucht oder eine tiefreichende Verwandlung anstrebt. Zu jeder Rauhnacht sind verschiedene Anregungen und Vorschläge für die Gestaltung des Tages zu finden. Übernehmen Sie, was Ihren Bedürfnissen entspricht und verwerfen Sie Dinge, mit denen Sie sich nicht identifizieren können. Vielleicht steht am Ende dieser Reise die Fähigkeit, wieder mehr spüren zu können, von sich selbst, seinem eigenen Herzen und von der ganzen Lebenswelt um uns herum.

EINSTIMMUNG UND VORBEREITUNG AUF DIE RAUHNÄCHTE

ZUR RUHE KOMMEN

Oft ist es in der heutigen Zeit sehr schwer, wirklich zur Ruhe zu kommen und Stille und innere Einkehr zu finden. Während die Ruhe in früherer Zeit, vor allem in den Wintertagen, allgegenwärtig war, ist es heute sogar in ländlichen Regionen schon relativ laut geworden. Selbst wenn wir gerade einmal nichts zu tun haben, sind wir doch umgeben von einem steten Lärmpegel. Wenn wir diesen ausschalten können, sind wir dennoch, zumindest in Gedanken, schon auf dem Sprung zur nächsten Erledigung und zum nächsten Termin. Wir haben verlernt, wie sich wirkliche Ruhe anfühlt, sowohl äußerlich als auch innerlich. Nun ist es an der Zeit, als Einstimmung für das Rauhnachtsgeschehen, diese Ruhe ein Stück weit wiederzufinden. Dabei muss es sich nicht um ein völliges Fehlen von Geräuschen handeln, sondern vielmehr um eine innere Ruhe, um ein kurzes Loslassen jeglicher innerlichen Hektik und Belastung. Es kann schon ein kleiner Spaziergang ausreichen, bei dem wir uns einmal wieder völlig bei uns befinden und in uns ruhen. Es geht darum, das Wohlgefühl der Entschleunigung und Langsamkeit zu erfahren und mehr auf die Stimme der Seele zu lauschen als auf äußerliche Störfaktoren. Auf diese Art können wir auch wieder bewusster die Schönheit der Natur zu dieser Jahreszeit wiederfinden oder gar neu entdecken. So kann, um ein kleines Beispiel zu geben, die Wanderung um einen vereisten See, der im Sonnenlicht leise knackt und knarzt, ein tiefes Gefühl der Geborgenheit und Sorgenfreiheit auslösen. Das „Singen des Eises" ist ein sehr ursprüngliches Geräusch, das uns zurückversetzt in die Zeit, als wir uns noch im Mutterleib befanden und eine ähnlich gedämpfte Geräuschkulisse vernahmen. Natürlich kann man sich genauso an dem Glitzern des

Schnees erfreuen, bei einem Winterspaziergang durch verschneite Wälder. Es ist dafür gar nicht so sehr eine überwältigende Kulisse notwendig, sondern vielmehr das bewusste Besinnen auf sich selbst und auf den inneren Dialog mit den eigenen Gedanken und Gefühlen sowie auf das bewusste Erleben des gegenwärtigen Augenblickes. Erst wenn wir diese intensive Verbindung zu uns selbst und zur Natur wieder ansatzweise spüren, wird es uns gelingen, die Magie der Rauhnächte in vollem Umfang aufzunehmen und dem Denken und Fühlen unserer Ahnen nachspüren zu können. Vielleicht ist es in dieser Zeit ja auch möglich, Elektronik wie Telefon, Wecker, Fernsehen und die Nutzung des Internets ein wenig zurückzufahren und einzuschränken. Auch dadurch wird das Gefühl des ständigen Unter-Druck-Stehens und Gedanklich-Abgelenkt-Seins deutlich gemindert. Unsere Vorfahren hielten sich ebenfalls an diese Grundgedanken. Alle wichtigen Arbeiten waren spätestens bis zur Wintersonnenwende abgeschlossen. Der Hof war gereinigt, die Vorräte waren in ausreichendem Maße angelegt und alles war bereit, um sich die nächsten Tage in die Heimeligkeit des Zuhauses zurückziehen zu können.

Einige Punkte, die eine Einstimmung auf die Rauhnachtszeit positiv begleiten könnten, sind:

- Ordnung im persönlichen Wohnbereich schaffen, eventuell aussortieren, klar strukturieren
- Leihgaben zurückgeben, Schulden begleichen
- Offene Konflikte oder Problemsituationen, soweit möglich, aus der Welt schaffen
- Die Wohnräume stimmungsvoll unter dem Motto der Rauhnachtszeit dekorieren: Kerzen besorgen und alles bereitstellen, was für die einzelnen Rauhnachtsrituale oder -orakel benötigt wird, zum Beispiel Räucherzubehör und ein kleines Büchlein, um die persönlichen Gedanken und Empfindungen festzuhalten

AUFRÄUMEN – MIT SICH SELBST

UND IN DER PERSÖNLICHEN UMGEBUNG

Sich zurückzuziehen kann allerdings nur dann in einem harmonischen Umfang glücken, wenn wir sowohl unsere Gedanken sortiert, als auch alle wichtigen, bereits angefangenen oder noch dringend zu erledigenden Aufgaben in unserer persönlichen Lebenswelt abgeschlossen haben. Zwar müssen wir heute zumeist keine Vorräte mehr anlegen oder Hof und Stall in einen aufgeräumten Zustand bringen, dennoch kann man die Tage vor Beginn der Rauhnachtszeit dafür nutzen, um einmal in seinem persönlichen, sozialen und auch dem wohnlichen Umfeld Ordnung zu schaffen. Dazu zählt, dass man lange aufgeschobene Aufgaben oder Vorhaben zum Abschluss bringt und sich somit von diesen innerlichen Bürden befreit. Als Beispiel könnte angeführt werden, dass man ausgeliehene Dinge zurückgibt, alte Schulden begleicht, einen aufgeschobenen Brief vollendet oder gar Probleme und bestehende Streitigkeiten bereinigt. Auch unsere Vorfahren legten großen Wert darauf, alte Uneinigkeiten nicht mit ins neue Jahr zu nehmen. Jetzt ist eine gute Zeit, um Sorgen oder Belastungen anzusprechen und auf diese Art das Herz und die Seele zu entlasten.

Genauso wie eine strukturierte Ordnung im sozialen Umfeld braucht der Mensch für ein ruhiges Seelenleben eine gewisse Ordnung und Struktur in seinem Wohnumfeld. So ist jetzt der richtige Zeitpunkt, um in der Wohnung oder im Haus aufzuräumen und alles heimelig zu gestalten und in Vorfreude auf die Weihnachts- und Rauhnachtszeit zu dekorieren. Um die besinnliche Zeit bestmöglich für sich zu nutzen, kann man sich auch eine kleine Ecke einrichten, in die man sich gezielt zurückziehen kann. Vielleicht eine kuschelige Sitzgelegenheit mit einem kleinen Tischchen und Kerzen darauf, welches später in einen kleinen, persönlichen Altar umfunktioniert werden kann. Dabei kann man seiner Kreativität freien Lauf lassen und den Rückzugsort so gestalten, dass er Ruhe und Heimeligkeit ausstrahlt und dazu einlädt, sich mit den alten Sagen und Mythen zu befassen. Gleichzeitig kann man das ein oder andere Orakel ausprobieren oder nutzt die Ruhe, um tief in seine Gedankenwelt einzutauchen und die Wärme der Stube zu genießen, während draußen die Schneeflocken stieben. Auch in diesem Empfinden werden wir uns plötzlich ganz mit der Gedankenwelt unserer Vorfahren verbunden fühlen und die Zeit der Rauhnächte als Kraftquelle nutzen können.

GEDANKEN ORDNEN

In der neu geordneten Umgebung ist es leicht, den Kopf frei zu bekommen, seine Gedanken klar auszurichten und neue Wünsche und Ziele zu formulieren.

Zum Ordnen der Gedankenwelt gehört zu Beginn eine Rückschau auf das alte Jahr. Monat für Monat können wir auf diese Weise vor unserem inneren Auge vorbeiziehen lassen und so gedanklich noch einmal alle schönen, freudigen und unbeschwerten, aber auch alle traurigen Momente erleben: Was ist gut gelaufen? Was habe ich richtig gemacht? Was möchte ich im neuen Jahr ändern oder besser machen?

Es ist klar, dass sich nicht alle Sorgen zum Ende des Jahres aus der Welt schaffen lassen. Wir können aber die Erfahrung machen, dass neben all den schönen Momenten, die wir im Laufe des Jahres erleben durften, auch das Schwere, die Trauer oder sogar erlebte Schicksalsschläge Teil unseres Lebens sind und zu unserer ganz persönlichen Lebenserfahrung gehören. Auf diese Weise können wir erkennen, was wirklich wichtig war, woran unsere Seele gereift ist, was uns vielleicht unnötig belastet und Kraft gekostet hat und was wir von daher im neuen Jahr anders handhaben möchten. Selbst Trauer, Probleme oder schwierige Umstände, die wir zwangsläufig mit ins neue Jahr nehmen müssen, da der auslösende Prozess noch nicht abgeschlossen ist, können als Teil unseres Lebensplanes angesehen werden. Wir können darauf vertrauen, dass der übergeordnete göttliche Plan seinen eigenen Weg verfolgt und vielleicht im neuen Jahr mit unerwarteten Erkenntnissen aufwarten wird, die wir daraus gewinnen können. Oft ist es so, dass ein Schicksalsschlag aus sehr naher Perspektive kaum zu verstehen oder zu verarbeiten ist. Es ist sehr viel Zeit nötig, um zu erkennen, dass wir auch daran gereift sind. Wir haben einen anderen Blick auf das Leben oder mehr Empathie für andere Menschen gewonnen, die sich in ähnlichen Situationen befinden.

So können wir mit einem Gefühl großer Wertschätzung auf alle Erlebnisse des vergangenen Jahres zurückblicken. Wir sind dankbar für unsere persönlichen Erfahrungen, die unser Herz erweitern und unsere Seele haben reifen lassen. Wenn wir alles Geschehene als eigenen Erfahrungsschatz begreifen und willkommen heißen, fällt es uns leichter, loszulassen und die Kraft für neue Erfahrungen zu bündeln. Vielleicht kommen wir auf diese Art auch ein kleines Stück näher zu Gott.

Die meisten der alten Rauhnachtsbräuche stammen aus einer Zeit, in der der Schleier zwischen der Welt der Lebenden und der Welt der Verstorbenen sehr durchscheinend war. Die verstorbenen Seelen gehörten noch zum Alltag der Lebenden, man bezog sie in Entscheidungen mit ein, lud sie zu Feierlichkeiten und hielt am Tisch einen Platz für sie frei. Auch allerhand Fabel- und Geisterwesen bevölkerten diese Welt. Hexen, Irrlichter, Naturgeister wie Nixen oder Wassermänner und magische Tiere waren in der Vorstellung der damaligen Menschen allgegenwärtig. Man muss nicht in eine abgehobene Esoterik abdriften, aber man kann seinen Gedanken erlauben, einmal in diese Richtung zu spüren.

Für das eigene Wohlergehen sorgen

Innerliche Arbeit erfordert immer Kraft und äußerliches Wohlempfinden. So ist die Rauhnachtszeit auch wunderbar geeignet, um sich um das eigene Wohlergehen zu kümmern. In dieser Zeit sollte man bewusst und gut essen, den Körper nicht durch Diäten oder allzu belastende Ernährung schwächen. Man sollte sich stets genug Wärme zuführen, sei es durch warme Kleidung, Bäder oder durch verschiedene Kräutertees.

Brauchtum – Alte Teesorten: Tees aus Holunderblüten, Lindenblüten, Hagebutten und Brombeerblättern wurden früher zu diesen Tagen vermehrt getrunken. Auch kamen oft Kräutermischungen zum Einsatz, die man im Sommer gesammelt und getrocknet hatte.

DAS RITUAL
DES RÄUCHERNS

Über den heiligen und uralten Brauch des Räucherns

Im Begriff der Rauhnächte verbirgt sich zugleich das Wort „Rauch". Seit ewigen Zeiten sind Rauch und Rauhnächte untrennbar miteinander verbunden. Genauso wie der Brauch des Räucherns ist die Faszination um das uralte Kräuterwissen mit dem Element des Feuers, das in den dunklen Wintertagen Licht und Wärme schenkt, untrennbar verbunden. Schon immer hat das Phänomen des Feuers die Menschen fasziniert. Es hat sie einerseits am Leben erhalten, andererseits konnte es aber auch als vernichtende Kraft wirken, die Altes zerstört und Raum für Neues schafft. Zu allen Zeiten war die Feuerstelle oder später der Kamin ein wichtiger Kultplatz in der Behausung der Menschen. Noch wenige Generationen zurückliegend hatte die Feuerstelle eine zentrale Bedeutung im Alltags- aber auch im Brauchtumsleben der Menschen. So war es immer Aufgabe der Frauen, das Feuer zu hüten und vor dem Erlöschen zu schützen. Auch gab es allerlei alte Beschwörungsformeln, welche unmittelbar mit der Feuer- oder Herdstelle in Verbindung standen. So wurden als Schutz vor Unwetter und Blitzeinschlag verschiedene Kräuter ins Feuer geworfen, um allen Schaden von Haus und Hof abzuwenden. Viele der alten Beschwörungsformeln und -rituale sind leider mittlerweile in Vergessenheit geraten. Erhalten hat sich aber der Brauch des Entzündens bestimmter Kräuter oder Harze. Hier soll das Feuer als vernichtende, aber auch umwandelnde Kraft wirken. Es zerstört eine vorhandene Lebensform, um etwas Neues zu erwecken. Aus dem uralten Kult der Feuerbestattungen ist der Glaube bekannt, dass das

Feuer die sterbliche Hülle vernichtet und die Seele eines Lebewesens freigibt. Im übertragenen Sinn kann dies auch auf die verschiedenen Räuchertechniken angewandt werden. Die „Seele" oder tiefere Wirkungsweise einer bestimmten Pflanze oder eines Harzes wird durch die Verbrennung freigegeben und kann sich auf diese Art im ganzen Raum entfalten. Dieses Ritual folgt gleichfalls einer langen Tradition. Bereits zur Zeit der Kelten verfügte man über ein ausgeprägtes Pflanzen- und Kräuterwissen. Vor allem Druiden, den Priestern der Kelten, wurde die Aufgabe übertragen, die vollständige Wirkungsweise der einzelnen Kräuter durch das Entzünden zu entfachen. Zu dieser Zeit galt der sich entfaltende Rauch immer auch als eine Botschaft an die Götter, die gewisse Zeremonielle begleitete. Auch in späteren Jahrhunderten lässt sich der Brauch des Räucherns immer wieder entdecken und wurde oft zu medizinischen und heilkundlichen Zwecken verwendet. Und selbst noch für unsere Großelterngeneration war das Räuchern an bestimmten Tagen im Jahreslauf und vor allem zur Rauhnachtszeit eines der wichtigsten Elemente der Feier- und Ritengestaltung. So galt das Räuchern stets auch als Möglichkeit, den eigenen Körper, den Geist oder die Behausung zu reinigen und von schlechten Einflüssen der Vergangenheit zu befreien. Zugleich wurde dem Rauch ein gewisser Schutzmechanismus zugesprochen und ungute Geister oder Stimmungen konnten auf diese Art ferngehalten werden. Wir verbinden uns also mit einer sehr alten und weit verbreiteten Tradition, wenn wir uns dem Brauch des Räucherns widmen.

Was kann Räuchern ganz allgemein bewirken?

⇢ beruhigend wirken und das Raumklima angenehmer gestalten

⇢ von Ängsten und Sorgen befreien oder Erleichterung verschaffen

⇢ die Stimmung verbessern oder negative Stimmungen austreiben

⇢ eine Meditation positiv begleiten

⇢ den Schlaf verbessern und den Kontakt zu Träumen herstellen

⇢ Schmerzen lindern

⇢ Gebete begleiten

Verschiedene Räuchertechniken

Allen Räuchertechniken liegt der Vorgang zugrunde, pflanzliche Substanzen wie Kräuter, Blüten, Hölzer, Harze oder Wurzeln zu entzünden und durch Verglühenlassen eine Rauchentwicklung zu erzeugen. Der jeweilige pflanzliche Wirkstoff kann sich auf diese Weise auf geheimnisvolle Art im ganzen Haus verbreiten und erinnert uns an die Kraft des Verborgenen, des Unsichtbaren und der Verwandlung. Während des Räuchervorgangs entfaltet die Pflanzenseele ihre ganze Kraft und wirkt beruhigend und reinigend auf uns und unsere Umgebung. Sie versetzt uns, kombiniert mit dem archaischen Duft der glimmenden Kohle, in alte Tage zurück. Die dadurch erzeugte weihevolle Stimmung passt wunderbar in die Zeit der Rauhnächte. Sie schafft auch heute noch ein geeignetes Ambiente für die verschiedenen Rituale und Orakel und stellt die Verbindung mit unseren Ahnen auf magische Weise wieder her. Um diesen Effekt zu erzielen, stehen verschiedene Möglichkeiten zur Verfügung. Grundsätzlich ist nur ein Minimum an Vorbereitung und Ausrüstung nötig: neben den Harzen und Kräutern werden eine feuerfeste Schale sowie ein paar Stück Kohle und etwas Sand als Bodensatz benötigt. Alle Räuchertechniken sollten immer mit großer Sorgfalt und unter Beachtung der notwendigen Sicherheitshinweise ausgeübt werden. Zudem ist es empfehlenswert, es unseren Vorfahren, die den Brauch des Räucherns als heilige und würdevolle Zeremonie ansahen und in großer Stille begingen, gleichzutun und während des gesamten Rituals zu schweigen sowie eine gewisse Ehrfurcht zu zeigen.

Als Grundlage für den eigentlichen Räuchervorgang dienen Kräuter, welche über das Jahr hinweg gesammelt werden oder Räuchermischungen, die bereits fertig erworben werden können.

Mit etwas Hintergrundwissen im Bereich der Pflanzen- und Kräuterkunde kann man das ganze Jahr über Blüten, Blätter und Wurzeln sammeln. Es empfiehlt sich, ein Bestimmungsbuch zur Hand zu haben, um alle Pflanzen einwandfrei identifizieren zu können und nicht versehentlich etwas Falsches oder gar Giftiges, welches Unverträglichkeiten auslösen könnte, mit nach Hause zu nehmen. Zudem sollten immer nur kleine Mengen gepflückt werden. Für das Räuchern reichen einige wenige Gramm, so lässt man der Pflanzenwelt die Möglichkeit, sich wieder gut zu regenerieren. Wird in der Natur gesammelt, sollte man ebenfalls darauf achten, dass an den entsprechenden Plätzen nicht chemisch gespritzt oder gedüngt wurde, um eventuelle gesundheitliche Schädigungen auszuschließen. Ebenso verhält es sich mit fertigen Räuchermischungen: Sie sollten bestenfalls naturbelassen und frei von Farb- oder künstlichen Duftstoffen sein, um bei der Verbrennreaktion keine unerwünschten Abfallprodukte freizusetzen. Für die Aufbewahrung während des Sammelns sind Beutel aus Baumwolle oder Leinen geeignet, um den Pflanzen das Atmen zu ermöglichen und Schimmelbildung vorzubeugen. Zu Hause werden die gesammelten Stücke entnommen und an einem warmen und trockenen Platz aufgehängt. Ein zusätzlicher Luftzug beschleunigt den Trockenvorgang. Das Trocknen in der prallen Sonne oder gar im Backofen ist nicht empfehlenswert, da die wertvollen Pflanzenbestandteile und ätherischen Öle sonst schon im Voraus ausdampfen und beim Räuchervorgang nicht mehr freigesetzt werden können. Sind diese Kriterien erfüllt, trocknen Blüten und Kräuter oft schon innerhalb weniger Tage völlig durch. Anders verhält es sich bei den Harzen, der jeweilige Trockenvorgang kann sehr viel mehr Zeit in Anspruch nehmen, ehe die Harze dann fein zerrieben werden können. Nach angemessener Trocknungszeit können die gewählten Kräuter oder Harze in einem Mörser zerkleinert und miteinander vermischt werden. Es bietet sich an, einer Mischung aus verschiedenen Kräutern immer auch etwas Harz beizumengen. Das schmelzende Harz bindet die Kräuter an sich, intensiviert den Duft und verlängert die Brenndauer. Das Harz sollte höchstens ein Drittel der Gesamtmischung ausmachen. Als Bodensatz für die jeweiligen Räuchermischungen verwendet man Sand, auf dem die Kohle zum Glühen gebracht wird. Mithilfe verschiedener Gefäße und Objekte kann nun der Rauch im Haus verteilt werden und in allen Räumen seine heilige Wirkkraft entfalten.

Räucherpfanne

Vor allem in den letzten Jahrhunderten erfreuten sich Räucherpfannen aus Metall großer Beliebtheit. Diese gab es in verschiedenen Größen und die Austrittslöcher für den Rauch waren oft zu schönen Ornamenten gearbeitet. Große Räucherpfannen kamen vor allem auf großen Höfen in Süddeutschland und Österreich zum Einsatz. Sie hatten allerdings den Nachteil, dass sie sich durch die größere Menge an Kohle, welche in ihrem Inneren zum Glühen gebracht wurde, relativ leicht erhitzten.

Räucherschalen

Resistenter gegen Hitzeleitung sind Räucherschalen aus Keramik oder Steinzeug. Diese können sowohl in der Hand durch die einzelnen Räume getragen als auch während eines Rituales auf einem Tisch platziert werden.

Stövchen

Es gibt spezielle Räucherstövchen, welche in ihrer Handhabung einer Duftlampe gleichen. Sie haben anstelle der Schale für die Duftöle ein Gitter zum Auflegen der Kräuter als Aufsatz. Es ist keine glühende Kohle notwendig, ein Teelicht wird unter das Gitter gestellt. Dieses erzeugt die notwendige Hitze, um die Aromen freizusetzen. Das Stövchen empfiehlt sich vor allem für das Räuchern mit reinen Kräutermischungen, Harze würden durch das Sieb nach unten fließen.

Kräuterbündel

Eine Methode ohne weitere Hilfswerkzeuge oder Mittlermedien ist das Verräuchern von Kräuterbündeln. Dafür eignen sich vor allem widerstandsfähige Kräuter wie zum Beispiel Salbei oder Beifuß. Die Kräuter werden zu einem festen Bündel geschnürt und zum Trocknen aufgehängt. Ist das Bündel gut durchgetrocknet, kann man es vorsichtig an der Spitze entzünden und damit den Raum durchschreiten, allerdings ist diese Methode anfälliger für Funkenflug oder Brandgefahr durch verlorene Glutstücke.

Letztendlich obliegt die Auswahl des entsprechenden Gefäßes, genauso wie die Wahl der Kräuter, den persönlichen Vorlieben. Sollte man das Räuchern nur einmal ausprobieren wollen, ist eine Keramikschale aus dem Hausgebrauch ausreichend. Möchte man das Räuchern allerdings bei verschiedenen Gelegenheiten öfter zelebrieren, lohnt es sich, in eine etwas hochwertigere Ausrüstung zu investieren.

ZUM RÄUCHERN GEEIGNETE KRÄUTER

AUS ALTEN ÜBERLIEFERUNGEN

Die hier angeführten Räucherstoffe wurden speziell zur Thematik der Rauhnächte ausgewählt. Es handelt sich um Kräuter, deren positive Räuchereigenschaften schon seit langer Zeit bekannt sind und die traditionellerweise vor allem in der Winterzeit im bäuerlichen Traditionsleben verwendet werden. Manchen von ihnen wird eine bewusstseinserweiternde Wirkung zugesprochen. Sie begünstigen die Empfänglichkeit für übersinnliche Wahrnehmungen und eignen sich daher gut, um im Vorfeld eines Orakels entzündet zu werden. Natürlich können auch andere Kräuter verwendet oder verschiedene Kombinationen zusammengestellt werden. Bei der Auswahl der einzelnen Räucherstoffe kann man auch intuitiv vorgehen und sein Gefühl entscheiden lassen, was gerade für den Moment oder den jeweiligen Zweck passend wäre. Es empfiehlt sich allerdings, nicht mehr als

drei verschiedene Kräuter zu einer Mischung zusammenzufügen. Diese können jedoch in einem unterschiedlichen Mischungsverhältnis zueinanderstehen. So kann es erforderlich sein, von einem beim Verräuchern weniger intensiven Kraut drei Teile zu verwenden, während die dominanteren Kräuter jeweils nur zu einem Teil vertreten sind.

Salbei

Salbei ist ein heimisches Kraut, welches sowohl im Wuchs als auch im getrockneten Zustand einen sehr intensiven Duft ausströmt. Salbei wird eine heilende und reinigende Wirkung zugesprochen. Er eignet sich also besonders gut, wenn im Haus Zwietracht und Missgunst herrschen oder starke Streitigkeiten vorangegangen sind. Möchte man sich von diesen negativen und belastenden Einflüssen befreien, kann man eine Räucherung nur mit Salbei durchführen oder Salbei mit in die Räuchermischung einbinden. Salbei entwickelt einen starken, leicht reizenden Geruch beim Räuchern und sollte nur in kleineren Mengen verwendet werden.

→ *Wirkung beim Räuchern:*
- klärende, reinigende Wirkung
- Befreiung von Altlasten
- hohe Austreibungskraft
- fördert Konzentration
- erdet

 Johanniskraut

Schon seit Urzeiten ist die heilsame Wirkung von Johanniskraut auf Körper und Seele bekannt. Zur Zeit der Sommersonnenwende steht es in heller, gelbleuchtender Blüte auf freien, lichten Wiesen. So bringt es auch sinnbildlich Sonne und Licht in unsere Stuben und ebenso in unsere Seelen. Bereits Paracelsus erkannte die stimmungsaufhellende Wirkung dieses Krautes. Es wird seither als wirksames Mittel gegen Depressionen und Schwermut eingesetzt. In diesem Zusammenhang gesehen, ist es sehr gut bei Ritualen des Abschließens oder des Neubeginns einsetzbar, um die Melancholie wegen vergangener Zeiten zu vertreiben oder einen endgültigen Schlussstrich unter eine schmerzhafte Erfahrung zu setzen.

Symbolisch kann es auch für die Wiedergeburt des Lichtes stehen, welche wir in den Rauhnächten feiern. Beim Räuchern entfaltet sich ein fruchtiger, sanfter Geruch, es gibt keine starke Nachwirkung.

→ *Wirkung beim Räuchern:*
- Öffnung des Herzens
- Loslassen
- vertreibt negative Gedanken
- Schutzfunktion
- verleiht Kraft

Beifuß

Eine lange und teils magisch-mysteriöse Geschichte begleitet dieses Kraut, dem in unseren heutigen Tagen jedoch keine große Bedeutung mehr zukommt. Durch viele Kulturen hindurch, beginnend im Neolithikum, galt Beifuß als magische und kraftvolle Zauberpflanze. Für die keltischen und germanischen Völker war Beifuß die Pflanze der Götter, er wurde von ihnen Machtwurz oder Thorwurz, in Bezug auf den mächtigen germanischen Gott Thor, genannt. Im Mittelalter war der Beifuß die Pflanze der Hexen und der Schwarzen Magie. Heute noch soll der Beifuß, am Johannistag gepflückt, am wirksamsten sein. Er spielt auch eine wichtige Rolle im Mittsommerkult, wo er zu einem Gürtel geflochten wurde, um damit um das Sonnenwendfeuer zu tanzen. Anschließend wurde dieser Gürtel im Feuer verbrannt – das sollte das ganze Jahr vor Krankheit schützen. Als Räucherwerk halten getrocknete Beifußblätter sowohl körperliche als auch seelische Krankheiten fern und öffnen den Geist für höhere Erkenntnisse. Der Beifuß verbreitet einen unaufdringlichen, fruchtigen Geruch, er eignet sich gut als Hintergrundbegleiter für unterschiedliche Räuchermischungen.

→ *Wirkung beim Räuchern:*
- Schutz und Reinigung
- unterstützt bei Veränderungen
- stärkt Intuition
- baut negative Spannungen ab

Holunder

Ebenfalls seit Urzeiten wird dem Holunder eine positive und schützende Wirkung zugesprochen. In der nordischen Sagenwelt spielte der Holunderbusch stets eine wichtige Rolle, zum Beispiel als Sitz der Göttin Holla (im Märchen noch übernommen als „Frau Holle") oder als Schutzhort für Tiere und Pflanzen. Auch im ländlichen Volksglauben galt der Holunder als starke Schutzpflanze und wurde als Hausbaum zum Schutz gegen böse Geister und gegen den Blitzeinschlag gepflanzt. Ein alter Glaube besagt, es sei ein Zeichen dafür, dass ein Verstorbener seine Ruhe gefunden habe, wenn ein auf seinem Grab eingepflanzter Holunderzweig zu wachsen begänne. Es war unter Strafe verboten, einen „Holler" zu fällen. Beim Räuchern werden vor allem die Holunderblüten verwendet, um ihre schutzgebende Wirkung auch auf diese Art zu entfalten. Sie bringen Harmonie und Wohlgefühl in die Stuben und spenden Vertrauen und Hoffnung für das Leben. So eignet sich eine Räuchermischung mit Holunderblüten, wenn einem eine schwere Aufgabe oder ein ungewisser Neuanfang bevorsteht. Dies fügt sich ebenfalls in die Zeit der Rauhnächte: Mit Holunderblüten begrüßen wir das neue, noch ungewisse Jahr und vertrauen darauf, dass es Glück und Freude für uns bereithalten wird. Holunder entfaltet einen sanften, süßlichen Duft beim Räuchern.

→ *Wirkung beim Räuchern:*
- harmonisierend
- stärkt Zuversicht
- verbindend

 Wacholder

Ähnlich dem Holunder wird auch der Wacholder von allerlei guten Geistern und Wesen bewohnt. Zudem galt der Wacholder seit jeher als direkter Berührungspunkt mit den Seelen der Ahnen. So gehörte er unter anderem auch im antiken Orakel von Delphi zu den dort verwendeten Räucherpflanzen. Dieser Pflanze wird eine sehr starke spirituelle Dimension zugeschrieben. Für Räucherungen können Holz, Harz, Zweige und die getrockneten Wachholderbeeren verwendet werden. Sie helfen, eine Verbindung zu den Ahnen herzustellen und schärfen in uns das Bewusstsein für die Verknüpfung mit der Vergangenheit. Auf diese Art können alte Verletzungen überwunden werden. Gleichsam können wir uns in der Sicherheit wiegen, dass unsere Vorfahren ein schützendes Auge auf unser Haus und unser Leben haben und unserem Wirken wohlgesonnen sind. Wacholder entwickelt einen starken, sehr aromatischen Duft beim Räuchern. In alten Zeiten wurde der Wacholder vor allem mit Weihrauch kombiniert und ergab eine kraftvolle Räuchermischung.

»» *Wirkung beim Räuchern:*
- reinigend und desinfizierend
- bietet Schutz und Sicherheit
- unterstützt Ahnenkontakte
- hilft bei Erdung

 (Weißer) Lavendel

Im 8. Jahrhundert förderte Kaiser Karl der Große den Anbau von Lavendel durch Dekrete, in denen er bei der Anlage von Kräutergärten befahl, diese Pflanze aufzunehmen. Von den Kräutergärten der Klöster fand der Lavendel schnell den Weg in die Bauerngärten. Insbesondere wurde seine krampflösende, beruhigende und antibakterielle Eigenschaft geschätzt und genutzt. Im Mittelalter wurde Lavendel als Mittel gegen die Pest eingesetzt. Lavendel konnte als Hexenpflanze die vom Teufel besessenen Hexen retten – dafür mussten sie sich in einen Lavendelstock setzen. Lavendel ist stark desinfizierend, reinigend und klärend. Damit eignet er sich auch zum Ausräuchern von Krankenzimmern und Räumen, in denen schlechte Luft, auch im übertragenen Sinne, herrscht.

Eine Lavendelräucherung dient der Segnung und dem Schutz von Säuglingen und Kindern. Lavendel entfaltet einen starken und sehr aromatischen, leicht scharfen Duft.

→ Wirkung beim Räuchern:
- reinigend und desinfizierend
- beruhigend auf Körper und Seele
- schlaffördernd
- vertreibt schlechte Träume
- fördert Inspiration und Kreativität
- stärkt Nerven- und Seelenkräfte
- schützt gegen Flüche und Verwünschungen

 ## Schafgarbe

Auch die Schafgarbe findet seit vielen Jahrhunderten Einsatz als Heilmittel. Bei den Kelten wurde das Kraut sehr geschätzt, da es die Kunst des Weissagens unterstützte. Schafgarbenbüschel, über die Wiege von Säuglingen gehängt, sollen böse Geister fernhalten. Hatten Kinder Albträume, legte man ihnen Schafgarbensäckchen auf die Augen, um die unguten Gedanken zu vertreiben und für einen ruhigen Schlaf zu sorgen. Junge Mädchen füllten ihr Kopfkissen mit Schafgarbenblüten, damit sie im Traum ihren Zukünftigen sehen konnten. Die hohe Wertschätzung der Schafgarbe in der Volksmedizin zeigt auch der alte Brauch der Kräuterweihe zu Mariä Himmelfahrt. Zu den am 15. August in der Kirche gesegneten Kräutern gehört auch die Schafgarbe. Der Strauß soll anschließend dem Haus und seinen Bewohnern Glück und Gesundheit bringen. Schafgarbe entfaltet einen sanften, leicht herben Duft beim Räuchern.

→ Wirkung beim Räuchern:
- verhilft zu Wahrträumen und klaren Visionen
- schützt vor negativen spirituellen Einflüssen
- schützt kleine Kinder
- unterstützt das Streben nach Weisheit

🌿 Misteln

Die Mistel war die wichtigste heilige und geheimnisvollste Zauberpflanze der keltischen Druiden. Auch in den alten Erzählungen der Germanen spielt sie eine wichtige Rolle.

Aus der Mistel bereiteten sie Zaubertränke, die Kraft, Mut und Unbesiegbarkeit verleihen sowie alle Krankheiten heilen sollten. Im Mittelalter glaubte man, dass Misteln nur auf Bäumen wachsen, auf denen sich Hexen niedergelassen haben. Im ländlichen Volksglauben wurde die Mistel als „Drudenfuß" bezeichnet und als Schutz vor Hexen und Teufeln am Körper getragen. Als Pflanze, die im Winter Früchte trägt, ist sie der Inbegriff für die Hoffnung auf eine Wiedergeburt. Sie gilt als „Schlüssel zur Anderswelt" und eignet sich deswegen besonders für Traumräucherungen, besonders in den Rauhnächten. Misteln verbreiten einen unaufdringlichen, leicht herben Geruch beim Räuchern.

⇢ *Wirkung beim Räuchern:*
- Schutz vor Blitzschlag, Krankheit, Unglück, Feuer und Missgeschicken
- gesegnete und prophetische Träume
- beruhigend auf das Nervensystem
- Druck wird von einem genommen

Weihrauch

Weihrauch ist wohl einer der traditionellsten Räucherstoffe, welcher zudem auch immer mit den Ritualen der katholischen Kirche in Verbindung gebracht wird. Schon seit früher Kindheit verbinden wir mit dem Geruch von Weihrauch ein Gefühl von Segen und Heiligkeit. Weihrauch symbolisiert immer die Verbindung zu Gott und zu allem Überirdischen. Auch vor der Zeit des Christentums wurde er bereits eingesetzt, um mit den Göttern in Kontakt zu treten. Bei Weihrauch handelt es sich um ein goldgelbliches Harz von den Weihrauchsträuchern, die im Nahen Osten beheimatet sind. Im ländlichen Volksglauben diente das Räuchern mit Weihrauch dazu, dämonische Einflüsse von Haus und Hof fernzuhalten. Beim Räuchervorgang entwickelt Weihrauch einen sehr intensiven Duft, weswegen das Harz nur sparsam eingesetzt werden sollte. Kombiniert mit anderen harzigen Hölzern, zum Beispiel Wacholderholz, entfaltet er eine kraftvolle Mischung.

⇢ *Wirkung beim Räuchern:*

- hilft, innere Ruhe zu finden
- erleichtert die Meditation
- erweitert den Brustraum und das Herz
- heilt alte Wunden
- energetisch reinigend
- schützt vor negativen Energien

 Myrrhe

Neben dem Weihrauch war Myrrhe im Altertum das wichtigste Räucherharz. In vielen Kulturen galt das warme, erdige und würzige Myrrhenharz als Symbol für das mütterliche Element und für die weibliche Sinnlichkeit. Myrrhe entfaltet einen sehr aromatischen, schweren Duft, der leichtere Kräuter überlagert.

- besänftigt aufgewühlte Gemüter
- gibt Kraft, Optimismus und innere Ruhe
- hilft bei Stress
- verhilft zum ruhigen Einschlafen
- rituelle Verräucherung für Meditation, Schutz, Heilung und Segnung
- Räuchermittel gegen böse Geister

 Waldweihrauch (Fichtenharz, Kiefernharz, Lärchenharz)

Waldweihrauch kann im Gegensatz zu den orientalischen Weihrauchsorten in unseren heimischen Gehölzen gefunden und selbst zum Räuchern gesammelt werden. Man bricht dazu kleine, erhärtete Harzbröckchen der entsprechenden Bäume ab und gibt diese in das Räuchergefäß. Die Farbe des zähen Harzes ist zunächst goldgelb und wandelt sich durch einen Reifeprozess in ein warmes Braun. Da die Rinde sehr harzreich ist, kann man auch direkt kleine Rindenstücke abbrechen und zerbröselt als Räuchermischung verwenden. Vor allem bei der ländlichen Bevölkerung des letzten Jahrhunderts wurde Waldweihrauch als preiswerter Ersatz für den teuren orientalischen Weihrauch eingesetzt. Er entfaltet einen starken, harzigen, erdigen Geruch, der nicht mit zu vielen anderen Räuchermitteln vermischt werden sollte.

➻ *Wirkung beim Räuchern:*

- führt zur Nervenstärkung und allgemeinen Kräftigung
- dient als Schutz vor störenden Einflüssen und negativen Energien
- hilft, innere Ruhe zu finden
- erleichtert die Meditation
- heilt alte Wunden
- reinigt das Haus von Krankheiten und schlechter Stimmung

SCHRITT FÜR SCHRITT ANLEITUNG

FÜR EINE HAUSRÄUCHERUNG

Bei der hier vorgeschlagenen Schritt-für-Schritt Anleitung handelt es sich um ein Beispiel für eine traditionelle Hausräucherung. Einzelne Elemente können nach Belieben variiert werden. Das vorgestellte Räucherritual ist von alters her überliefert und wurde im katholischen Volksglauben vor allem an den „stärksten" Rauhnächten durchgeführt. Es eignet sich wunderbar, wenn man die schlechten Energien, Krankheiten und Streitereien des vorangegangenen Jahres aus der Stube verbannen und die Räume rein und frei für das neue Jahr bekommen möchte. Dieses Ritual muss nicht immer auf spirituellen Grundgedanken beruhen. Oft vermittelt es einfach ein gutes Gefühl und hilft, befreiter in das neue Jahr zu starten. Unsere Vorfahrengenerationen räucherten auf diese traditionelle Art sowohl ihre Wohnstuben als auch die Stallbereiche der Tiere aus.

→ Zu Beginn empfiehlt es sich auch bei diesem Ritual den Wohnbereich gründlich aufzuräumen, zu putzen und gegebenenfalls einige Dinge auszusortieren. In einer sauberen, strukturierten Wohnumgebung ist der Geist viel freier für das reinigende Ritual.

→ Als nächstes sollten die Fenster der Räume, in denen geräuchert wird, geöffnet oder zumindest gekippt sein, damit alles Schlechte, das bei der Räucherung vertrieben werden soll, seinen Weg nach draußen findet und nicht weiter im Haus bleibt.

→ In einem nächsten Schritt wird das ausgewählte Räuchergefäß mit der Räuchermischung der Wahl zum Dampfen gebracht. Zudem sollte bedacht werden, dass genügend Räucherkohle bereit liegt, um nachzulegen, falls eine größere Wohnfläche beschritten wird.

→ Entsteigt der Rauch dem Räuchergefäß, wird mit der Räucherung im untersten Raum oder, falls vorhanden, im Keller begonnen. In Gedanken kann man nun noch einmal die Ereignisse Revue passieren lassen, von denen man sich durch die Räucherung trennen möchte. Wichtig dabei ist, keine negativen Gedanken zu empfinden, sondern neutral und mit Abstand auf die Geschehnisse zu blicken. Man kann während des Räucherns auch ein kleines Gebet wieder und wieder aufsagen, eine bekannte Beschwörungsformel oder einen selbstformulierten Spruch, der den Zweck der Räucherung in Worte fasst. In Gedanken sollte immer präsent sein, was durch die Räucherung erzielt werden sollte – zum Beispiel die Vertreibung einer Missstimmung, welche durch einen vergangenen Streit noch in der Luft liegt.

→ Langsam und ohne hektische Bewegungen wird nun jeder Raum des Hauses jeweils im Uhrzeigersinn durchschritten. An manchen Stellen, zu denen uns unser Gefühl lenkt, zum Beispiel am Bett oder am Esstisch, kann man auch länger verweilen und die Rauchentwicklung intensiver wirken lassen. Der Rauch sollte alle Ecken und Winkel erreichen, hierfür kann ein kleiner (Feder-)Fächer wirkungsvoll sein, um die Rauchentweichung gezielt zu lenken.

→ Sind alle Räume durchwandert, kann man für einige Minuten dem Rauch bewusst beim Entweichen durch die Fenster zusehen und dabei noch einmal visualisieren, dass mit ihm alle schlechte Energie entschwindet.

→ Zum Schluss können auch das ganze Haus und das komplette Grundstück im Uhrzeigersinn umschritten werden, um noch einmal einen imaginären Schutzkreis zu errichten.

AUF EINEN BLICK

Alant	hilft bei depressiven Verstimmungen, unterstützend bei Trauerarbeit
Angelikawurzel	stimmungsaufhellend, bringt Hoffnung und Lebensfreude
Bernstein	stimmungsaufhellend, stärkend, bringt Fröhlichkeit und Leichtigkeit
Birke	bringt die Dinge ins Rollen, Aufbruch und Neubeginn
Copal	erweitert das Bewusstsein, spricht die geistige Ebene an
Dammar	knüpft die Verbindung zu feinstofflichen Ebenen
Eberesche	bringt Klarheit in allen Dingen, schärft die Wahrnehmung für die Natur
Efeu	verbindet Weltliches und Geistliches / Erde und Himmel
Eichenmoos	steht für Wandel und Transformation hin zu höheren Bewusstseinsstufen
Eisenkraut	kräftigt das Selbstbewusstsein, spendet Mut und Stärke
Eukalyptusblätter	unterstützen die Konzentration, befreien den Kopf von unnötigem Ballast
Fichtenharz	entfernt negative Energien, eignet sich für eine Räucherung nach schwerer Krankheit
Frauenmantel	lenkt den Blick auf die eigenen Bedürfnisse, hilft, für sich selbst einzustehen

Galgant	unterbricht festgefahrene Denkmuster und Gedankenstrukturen
Holunder	hilft, den richtigen Zeitpunkt für Entscheidungen zu finden
Iriswurzel	schenkt Inspiration
Jasminblüten	schenken das Gefühl von Geborgenheit und Liebe
Kalmus	erleichtert das Loslassen
Kampfer	unterstützt Selbstliebe und Selbstakzeptanz
Kardamom	verleiht der Seele Leichtigkeit
Kiefernharz	verbannt Negatives aus dem Leben
Koriander	entspannend
Lorbeer	spendet inneren Frieden und hilft, sich selbst zu verzeihen
Mädesüß	hilft, anderen zu vergeben, hilft auf andere zuzugehen
Melisse	klart den Blick auf andere auf, fördert Freundschaften
Myrte	heilt seelische Wunden, fördert die Konzentration
Orange	gegen innere Anspannung und Unruhe, stärkt die Nerven
Ringelblume	schenkt einen positiven Blick auf das Leben

Rose	öffnet die Seele für Liebe und Harmonie, wirkt herzöffnend
Rosmarin	hilft, alte Wunden zu heilen, schützt vor Verdrängen
Salbei (weißer)	erleichtert Neuanfänge
Sandarak	schärft die Sinne, bewahrt vor Lüge und Betrug
Sonnenblume	bringt Licht und Schutz
Styrax	öffnet das „dritte Auge", macht offen für die spirituelle Welt
Tanne	löst Blockaden
Thymian	fördert das Selbstvertrauen, stärkt den Willen
Weidenrinde	hilft, Grenzen zu überschreiten, stärkt das Urvertrauen
Ysop	schenkt inneren Frieden, zieht Glück an
Zeder	spendet Kraft für Veränderungen, stärkt die Intuition
Zimt	fördert Glück und Erfolg
Zitronenmelisse	hilft Gefühle zuzulassen, fördert Dankbarkeit

DIE RAUHNÄCHTE

—— Nun ist es an der Zeit, unseren Wissensschatz rund um den Themenkreis der Rauhnachtszeit zu erweitern. Vorab sei erwähnt, dass es nicht immer leicht ist, eindeutige historische Fakten zu den jeweiligen Brauchtümern zu finden. Vieles wurde nur mündlich weitergegeben und unterscheidet sich manchmal schon von einer Dorfgrenze zur nächsten. Es kann sich also immer nur um eine Sammlung verschiedener Überlieferungen handeln.

WOHER DER AUSDRUCK „RAUHNACHT" KOMMT

Bereits bei der Deutung des Begriffes „Rauhnacht" gibt es verschiedene Möglichkeiten: Eine sehr naheliegende und althergebrachte Erklärung lautet, dass es sich um die „rauhen"/„rauen" Nächte handelt, da es in diesen Nächten sehr wild und grob zugeht. Die allgemeine Empfehlung lautet, nach Einbruch der Dunkelheit das Haus nicht mehr zu verlassen, da ab dann allerlei raue Gesellen ihr Unwesen treiben und man Gefahr läuft, gepackt und gar mitgeschleppt zu werden. Diese Deutung zeigt sich auch in alten Überlieferungen, in denen von „Raunächten" die Rede ist.

Eine weitere Wortdeutung, die mittlerweile auf breite Zustimmung gestoßen ist, kann aus dem Mittelhochdeutschen abgeleitet werden. Dort bedeutet „rûch" so viel wie „pelzig", „haarig" oder „mit Fell bewachsen". Die unheimlichen Gestalten, die die Menschen sich in ihrer Fantasie ausmalten und die sie bestimmt oft auch im Schneetreiben, im Sturm, im dunklen Wald und in den Nebelschwaden zu erkennen glaubten, trugen in ihrer Vorstellung filzige, knotige Pelze, das „Ruchwerk". Die Welt des germanischen Gottes Wotan und seines Gefolges wurde nach der Christianisierung vom 5. bis 8. Jahrhundert durch den Teufel und seine dämonischen Gefolgsleute ersetzt. Bei dieser Deutung denkt man sofort an die zotteligen Dämonengestalten und an die mit großem Lärm und Spektakel praktizierten Perchten-umzüge (Winteraustreiben).

Ebenfalls denkbar wäre, dass sich der Begriff von „raunen", oder aber dem mittelhochdeutschen „rûne" (= Geheimnis) ableitet, da einem in der mystischen und orakelreichen Zeit der Rauhnächte sinnbildlich überirdi-sche Geheimnisse ins Ohr geraunt werden. Eine weitere Erklärung bezieht sich darauf, dass die ursprüngliche Bedeutung „Rauchnacht" lauten sollte. Bereits die Kelten und Germanen zelebrierten in diesen Tagen ausgiebige Räucherungen und dieser Brauch hat sich bis in die heutigen Tage erhalten. Die kraftvollsten Rauhnächte, welche sich am besten zum Räuchern eig-nen, sind der 21., der 24. sowie der 31. Dezember und vor allem der 5. Januar.

Die Rauhnächte hoben sich schon immer vom normalen Kalenderlauf ab und markierten gewissermaßen eine Lücke oder Leerstelle in ihm. Diese kam vor Urzeiten zu Stande, als man vom Mondkalender abrückte und sich nach dem Lauf der Sonne richtete. Ursprünglich dauerte ein Mondjahr nur 354 Tage, das Sonnenjahr hingegen 365 Tage. Es entstand also eine Lücke, die dadurch ausgeglichen wurde, dass man an das Ende des Mondjahres elf Tage und zwölf Nächte, die Rauhnächte, anhängte. Von daher stammt auch die unheimlich anmutende Bezeichnung der Rauhnächte als „verlorene Nächte". Bereits bei den Kelten und Germanen gab es rund um die Zeit der Wintersonnenwende besonders geheiligte Tage und mystische Nächte, die „Weihnächte" genannt wurden. Den Rauhnächten wurde also schon vor Urzeiten eine mystische Bedeutung zugeschrieben. Das Leben unserer Vorfahren war in der lichtlosen und kalten Winterzeit alles andere als idyllisch. Die Menschen mussten von den im Sommer und Herbst angelegten Nahrungsvorräten zehren. Schnee, Eis und Stürme machten ihnen zusätzlich das Leben schwer. Passend zu diesen äußerlichen Einflüssen erzählten sie sich Geschichten von winterlichen Unholden. Die „Wilde Jagd" galt für die Menschen damals als Erklärung für die heftigen Winterstürme. Man glaubte, dass sie zwischen dem Thomastag und dem Dreikönigstag durch die Lüfte brause, allen voran der „Wilde Jäger" Wotan.

Wenn wir heute die letzten Tage und Nächte im alten Jahr als „Zeit zwischen den Jahren" bezeichnen, geschieht das noch in Anlehnung an jene alten Völker. Bereits damals wurde der Zeitraum zwischen dem 24. Dezember und dem 6. Januar, dem damaligen Beginn des neuen Jahres, so genannt. In dieser Zeit befanden sich die „Weihnächte", seit jeher Nächte voller Magie und Mythen, in denen die Pforten zur Anderswelt offenstanden und sich deren Wesen ungehindert Zutritt zur Menschenwelt verschaffen konnten. Jede einzelne Nacht war einer bestimmten Gottheit geweiht und wurde für Opferungen und andere Kulthandlungen genutzt. Die Menschen damals glaubten, dass der Sonnengott am 21. Dezember den Kampf gegen die Dunkelheit gewonnen hatte und danach drei Tage ruhte. Am 24. Dezember hatte dann das Licht die Oberhand gewonnen und die Helligkeit kehrte zurück. Einen Anklang an diese Zeit, sowohl im Namen als auch in der Grundbedeutung, finden wir in unserem heutigen Weihnachtsfest. Christus galt den frühen Christen als Lichtbringer und Sonnengott und so wurde im 6. Jahrhundert n. Chr. die Geburt Christi auf den 24. Dezember festgelegt und an die ursprüngliche Symbolkraft angeknüpft. Um den Vielgötterglauben der alten Völker aus den Köpfen der Menschen zu vertreiben, wurden die anderen geweihten Nächte umgewandelt, in denen anstatt der alten Götter nun Dämonen ihr Unwesen trieben. Deutlich sieht man das noch an zwei Beispielen: Aus der Nacht der heiligen Lucia, der lichtbringenden Göttin, wurde die „wuide, schiache Lutz" (= wilde, hässliche Luzie), eine grausige Schreckgestalt, die kleinen Kindern auflauert. Aus der Nacht des 21. Dezember, welche ursprünglich dem mächtigen Gott Thor oder Donar geweiht war, wurde die Nacht, in der der „bluadige Dammerl" (= der blutige Dammerl oder Thomas) umging und mit seinem Hammer, ebenfalls ein Attribut Thors, Schrecken unter die Menschen brachte. Auf diese Art stellte man sicher, dass die Leute in diesen Nächten zu Hause blieben und sich auf Christi Geburt vorbereiteten. Man muss also nicht zwangsläufig davon ausgehen, dass die frühen Christen alle heidnischen Vorstellungen gezielt ausrotten wollten, es fällt aber auf, dass manche Bräuche und Feierlichkeiten einer älteren Tradition folgten oder an sie angelehnt waren.

In diesem Rückblick auf das Alte entdecken wir wieder die zwei Gesichter der Rauhnächte – das heilige, mystische aber auch das dunkle und dämonische. Diese Gegensatzpaare finden sich immer wieder in den alten Bräuchen und Traditionen. Das Gesicht des Dämonischen begegnet uns geballt in den besonders starken Rauhnächten, welche im Folgenden noch hervorgehoben werden. Wohingegen das heilige und freudige Gesicht in der Christnacht auf uns wartet. In dieser Nacht drückt sich all die Hoffnung auf Erlösung aus. Aber das Licht der Erlösung kann nur aus der tiefsten Dunkelheit geboren werden. Im Grunde sind die Rauhnächte also noch immer das, was sie für unsere Vorfahren bedeuteten: heilige Nächte, die es uns ermöglichen, das Licht in der Dunkelheit zu erkennen. Heute laden uns die Rauhnächte ein, unsere Schattenseiten zu erkunden, die Dunkelheit zu feiern und auf diese Art zu neuem Licht zu finden.

WIE VIELE RAUHNÄCHTE GIBT ES?

Es gibt unterschiedliche Auffassungen darüber, welche Tage und Nächte nun tatsächlich die Rauhnächte bilden. Je nach Region und gelebtem Brauchtum variiert diese Anzahl stark. So wird mancherorts der Beginn der Rauhnächte bereits am 13. Dezember, dem Luciafest, gesehen, wohingegen einer anderen, weit verbreiteten Auffassung nach die Nacht der Wintersonnwende, die Thomasnacht, als erste Rauhnacht gilt. Schließt man die Thomasnacht in die Anzahl der Rauhnächte mit ein, kommt man insgesamt auf 13 Rauhnächte, was als ungerade und unheilvolle Zahl im starken Kontrast zu der Variante steht, bei der die Zählung mit der Christnacht beginnt und somit 12 Nächte umfasst. Letztere ist die Deutungsweise, die heute noch am weitesten verbreitet ist. Sie beinhaltet zudem die Auslegung, dass eine Rauhnacht nicht die gewöhnliche Spanne einer Nacht, sondern 24 Stunden, also einen kompletten Tag von 0.00 Uhr bis 24.00 Uhr andauert. So ist zum Beispiel die erste Rauhnacht im zeitlichen Rahmen des 25. Dezember von 0.00 Uhr bis 24.00 Uhr festzumachen. Schreitet man in dieser Zählweise bis zur letzten Rauhnacht am 5. Januar fort, welche um Mitternacht endet, ergeben sich daraus insgesamt zwölf heilige Nächte. Der 6. Januar wird bereits als Eintritt in das neue Jahr gerechnet. In diesem Buch wird die Thomasnacht als Schwellenrauhnacht mitbehandelt, weswegen hier von den 13 Rauhnächten gesprochen wird, welche nachfolgend detailliert aufgeschlüsselt werden, obwohl die Zählweise mit der 1. Rauhnacht in der Christnacht beginnt. Dadurch zeigt sich erneut, wie eng die Rauhnächte in allen Bereichen mit Licht und Schatten, mit Deutungsansätzen und Mysterien verwoben sind. So stehen sich die mystische, heilige Zahl zwölf, welche in vielen Kulturen eine bedeutende Rolle spielt, und die verrufene, unheilvolle Zahl 13, die immer schon mit dem Dämonischen in

Verbindung gebracht wird, gegenüber. Es ist nicht eindeutig festzulegen, welche von ihnen letztendlich die Oberhand gewinnt. In diesen obskuren Interpretationsmöglichkeiten erkennen wir wieder das Wesen der Rauhnächte. Sie wollen etwas Verborgenes bleiben, was durch den Verstand nicht zu erfassen ist, was man vielmehr erfühlen oder mit dem Herzen begreifen muss. Und genau das fehlt uns in den heutigen Tagen: das Ungewisse, das mit dem Verstand nicht zu erfassen ist. Auch auf diese Art behalten die „verlorenen Tage" einen gewissen Zauber und hüllen sich in Rauch und Nebel.

WANN BEGINNT UND WANN ENDET EINE RAUHNACHT?

Hier ergeben sich ebenfalls unterschiedliche Deutungsmöglichkeiten. In manchen Regionen beginnen die Rauhnächte um 0.00 Uhr und enden um 24.00 Uhr, sie umfassen auf diese Weise einen ganzen Tag. Aus anderen Regionen, vor allem aus Süddeutschland und Österreich, ist überliefert, dass eine Rauhnacht mit dem Abendgebetläuten um 18.00 Uhr beginnt und mit dem Morgengebetläuten um 6.00 Uhr endet. Nach dieser Vorstellung werden bereits im frühen Zwielicht der Abenddämmerung die Mächte der Dunkelheit aktiv und kommen aus ihren Verstecken hervor.

DIE STÄRKSTEN RAUHNÄCHTE

Um die Sache noch einmal zu verkomplizieren, soll erwähnt sein, dass manchmal auch nur 4 Nächte als die „echten" Rauhnächte angesehen werden. Dabei handelt es sich um die Nacht der Wintersonnenwende, die Thomasnacht (20./21. Dezember), welche auch als Schwelle in die Rauhnachtszeit gesehen werden kann, die Christnacht (24./25. Dezember), Silvester (31. Dezember/1. Januar) und die Nacht auf Heilig Drei König (5. Januar/ endet um Mitternacht). In der Tat wurde diesen Nächten immer schon eine sehr starke Energie zugesprochen. Viele Rituale konzentrieren sich auf diese Nächte und die Kräfte scheinen sich in ihnen nochmals zu verdichten.

Die Thomasnacht leitete die Rauhnachtszeit ein und die Dämonen versammelten sich von weit her, um ihre Kräfte zu bündeln.

In der Christnacht wird die Geburt Christi gefeiert, was die Dämonen und bösen Mächte der Dunkelheit erzürnt und aufs Stärkste reizt.

Die Neujahrsnacht markiert den Beginn eines neuen Jahres und die bösen Mächte fühlen sich besonders angespornt, dieses von Anfang an mit schlechter Energie zu besetzen.

Die stärkste und schlimmste Rauhnacht ist allerdings die Dreikönigsnacht. Die Dämonen spüren, dass der Abschied nahe ist und sie für längere Zeit zurück in die Dunkelheit müssen. Sie ballen also noch einmal all ihre Kräfte, um sich in den Häusern und Herzen der Menschen einzunisten. In dieser Nacht ist es von besonderer Bedeutung, Haus, Hof und auch sich selbst gut zu schützen.

ALLGEMEINE VERHALTENSREGELN UND VORSICHTSMASSNAHMEN IN DEN RAUHNÄCHTEN

Auf die gleiche Weise, wie sich manche Begriffserklärungen von Region zu Region unterscheiden können, gibt es eine Vielzahl regionaltypischer Brauchtümer und Verhaltensratschläge, die sich auf die Rauhnächte beziehen. Diese konnten oft schon von Dorf zu Dorf unterschiedlich sein. Begründet durch die Tatsache, dass sie nur mündlich überliefert wurden, ist es sehr schwer, ein allgemein gültiges Regelwerk aufzuführen. Für unsere Ahnen hatten all diese Brauchtümer und „Vorschriften" wesentliche Funktionen und Hintergründe. Vor allem in den Bereichen des verborgenen Zukünftigen, welches sich unmittelbar und oft existenziell auf das Leben auswirken würde, wie zum Beispiel die Fruchtbarkeit von Mensch und Tier und das Gedeihen der Ernte, war es für unsere Vorfahren von großer Bedeutung. Oft diente es auch zur Beruhigung, einen prophetischen Blick in das neue Jahr werfen zu können. Heutzutage sind diese Brauchtümer nahezu vergessen und in vielen Fällen nur noch schwer nachvollziehbar. Dennoch sollten wir sie nicht ausschließlich als Humbug belächeln, folgen sie doch einer langen Tradition und nahmen einen wichtigen Stellenwert im Leben unserer Ahnen ein, das in vielerlei Hinsicht noch näher am wahren Kern des Lebens und enger mit allem Übersinnlichen verwoben war. So war es selbstverständlich, dass gute und böse Geister allgegenwärtig waren und belohnt oder besänftigt werden mussten. In der Rauhnachtszeit, in der die Präsenz dieser Geister überhandnahm und überall Kräfte mit guten oder weniger guten Absichten wahrgenommen werden konnten, war es daher von großer Wichtigkeit, sich an allerlei Regeln zu halten, um schadlos durch diese Tage zu kommen. Im Folgenden werden einige Verhaltensregeln angeführt, die sich in vielen Gegenden überschneiden oder überregional auf eine ähnliche Weise bekannt sind. Es geht in erster Linie um einen groben Überblick, um der tieferen Stimmung der Rauhnachtszeit näher zu kommen. Detailliertere Erläuterungen zu den Verhaltensregeln und Vorsichtsmaßnahmen sowie zu Mythen und Brauchtümern in den Rauhnächten finden sich in meinem ersten Buch „Rauhnächte – Die schönsten Rituale" (siehe auch S. 7f.). Viele Regeln sind nur noch im Kontext des ländlichen Lebens von damals zu verstehen, dennoch sind auch einige Brauchtümer und Mythen mit erstaunlicher Aktualität zu finden. Vielfach lässt sich als Kernaussage festmachen, dass die Menschen in dieser Zeit alle beschwerlichen Arbeiten ruhen lassen sollen und ihnen so eine ruhige und besinnliche Stimmung auferlegt wurde. Auf diese Weise sollte der Geist für die Magie dieser Nächte und die Vorgänge in der Natur geschärft werden. Eine durchaus sinnvolle Intention, die wir heute, in unserer Zeit, welche um ein vielfaches lauter und überladener geworden ist, ebenfalls gut beherzigen können. Als Übergangszeitpunkt wird oft das Abendgeläut genannt. Nach dem letzten Glockenton wurde das Geisterheer lebendig und versuchte mit allerlei Kniffen, der Seelen der Menschen habhaft zu werden. Bis zu diesem Zeitpunkt sollte jede Tätigkeit im Freien abgeschlossen sein und man war am besten im Schutze des Hauses aufgehoben. Ansonsten konnte es sehr leicht passieren, dass man von einem unsichtbaren Geist befallen oder von der „Wilden Jagd" mitgerissen wurde. Aus diesem Grund waren die Wirtshäuser in jenen

Nächten nur spärlich gefüllt, niemand wollte den späten Heimweg riskieren. Aber auch das Essen im Freien ist nicht zu empfehlen. Wer nach diesem Zeitpunkt im Freien noch Speisen zu sich nimmt, dem kann es leicht passieren, dass ihm ein Dämon in den Hals fährt und er das ganze Jahr unter Atemnot und Schluckbeschwerden leidet. Wer zu späterer Stunde noch Wasser im Freien abschöpft, gerät in Gefahr, eine giftige Substanz ins Haus zu bringen, die nur so aussieht und riecht wie Wasser. Anhand dieser Beispiele wird bereits ersichtlich, wie hinterhältig und kniffreich die Geisterwesen mitunter vorgehen. Die folgenden Ratschläge sollten also in jedem Fall beherzigt werden:

→ Lärm oder Streitigkeiten sollten in dieser Zeit im ganzen Haus tabu sein. Dazu gehört auch das Knallen mit Türen oder der lärmerzeugende Umgang mit Gegenständen aus dem Haushalt. Diese Regel steht im Kontrast zu der gezielten Lärmerzeugung in manchen Rauhnächten, zum Beispiel durch Böllerschießen oder Feuerwerk. Durch diese Praktiken sollten Dämonen vertrieben werden, Krach und Unfrieden im Haus lockt sie jedoch an.

→ Nach Einbruch der Dämmerung sollte das Haus nicht mehr verlassen werden, da man sonst allzu leicht von Geistern und Dämonen davongezerrt werden kann.

→ Während der Rauhnachtstage sollten keine fremden Tiere, zum Beispiel streunende Hunde oder Katzen, in Haus und Hof gelassen werden. Oft nehmen Hexen und Dämonen deren Gestalt an, um sich Zutritt zu einer Familie zu verschaffen und dort Streitigkeiten und Missstimmungen zu verbreiten. Bekreuzigt man sich dreimal vor einem verdächtigen Tier, löst sich dieses in Luft auf.

→ Besen sollten immer in den Rauhnächten gebunden werden, dann schreibt man ihnen magische Fähigkeiten zu, zum Beispiel Krankheiten oder bösen Geistern „den Kehraus machen" zu können.

→ Alle Räder müssen stillstehen. Während der Rauhnächte sollte sich nur das Schicksalsrad drehen, um die Ordnung für das neue Jahr einzuleiten.

Andere drehende Räder würden nur Chaos in diesen Prozess bringen. Also darf in dieser Zeit nicht gesponnen, gewaschen oder gemahlen werden. Zudem sagt man, dass man beim Spinnen von Garn das Böse mit in die neu entstehenden Kleidungsstücke verwebt und der künftige Träger auf diese Art mit Krankheiten geschädigt werden wird.

↣ Es sollte immer Ordnung gehalten werden. Unordnung und Dreck ziehen die schaurigsten Dämonen an und locken sie in die Stube.

↣ Zwischen Weihnachten und Neujahr sollte nicht gewaschen werden. Dies kann unmittelbar den eigenen Tod zur Folge haben.

↣ Jegliche Art von Glücksspiel ist in den Rauhnächten strengstens untersagt. Es gibt eine Vielzahl von Berichten und Erzählungen über ein unheimliches und jähes Ableben von Menschen, die sich dieser Regel widersetzten.

↣ Keine Betten sollen draußen gelüftet oder Wäsche im Freien getrocknet werden. Die umherziehenden Wilden könnten sich in den Teilen verfangen und auf diese Art mit ins Haus und sogar an den eigenen Körper gelangen und dort Krankheiten auslösen. Vor allem bei weißer Wäsche war besonders große Vorsicht geboten, da die dunklen Dämonen die helle Farbe nicht wahrnehmen können und sich im Flug darin festsetzen.

↣ Streitigkeiten müssen bis spätestens zur Thomasnacht geklärt sein, ansonsten wird sich das Problem nie wieder lösen lassen.

→ Jetzt ist die Zeit um Heilkräuter anzuwenden, sei es für die persönliche Gesundheit oder zum Ausräuchern der Stuben. In den Rauhnächten ist ihre Wirkung um ein Vielfaches verstärkt.

→ Treffen sich Liebespaare in der Rauhnachtszeit besonders oft, verstärkt dies das Band zwischen ihnen.

NATURPHÄNOMENE IN DER RAUHNACHTSZEIT

Auch in der Natur sind die starken Kontraste der Rauhnachtstage wahrnehmbar. Vor dem 21. Dezember, dem Tag der Wintersonnenwende, erleben wir, dass die Sonne in immer kleiner werdenden Bögen über den Himmel wandelt und schließlich die Nacht am längsten und die Dunkelheit am stärksten ist. Für einen kurzen Moment scheint die Dunkelheit über das Licht zu triumphieren, doch schon tritt der Wendepunkt ein und die Tage werden wieder länger. Das Licht ist in diesen Tagen durch den sehr tiefen Sonnenstand und den dadurch bedingten schrägen Sonneneinfallswinkel von einer ganz besonderen Qualität. Ein warmes Licht mit einem golden schimmernden Glanz begleitet uns an klaren Tagen durch die Rauhnachtszeit. Der Himmel strahlt in diesen Nächten manchmal besonders klar und selten sind so viele Sterne zu erkennen wie in den frostigen Dezembernächten. Die Schneedecke liegt sanft über der Natur und deckt die gesamte Pflanzenwelt zu, die Tiere haben sich in ihre Winterquartiere zurückgezogen. Alles scheint zu einem Stillstand gekommen zu sein und für einen kurzen Moment inne zu halten und nach innen zu lauschen. Aber ab dem 24. Dezember hat diese Ruhephase ein Ende. Die Samen beginnen in der Erde langsam zu keimen und die Bäume bereiten sich auf den frischen Trieb vor.

Genauso sollten es auch die Menschen handhaben. Diese kurze Phase der Ruhe sollte genutzt werden, um sich wieder auf den wahren Kern des Lebens zu besinnen. Alte Dämonen sollten ausgetrieben werden, um mit neuer Kraft ein neues Jahr beginnen zu können.

Eine prophetische Deutungsvariante der Rauhnächte, die uns in verschiedenen Formen immer wieder begegnen wird, ist das Wetterlesen. In den Rauhnächten funktioniert dies relativ einfach. Es wird angenommen, dass jede der 12 Rauhnächte stellvertretend der Reihenfolge nach für einen Monat im neuen Jahr steht. Bereits im alten Volksglauben hieß es, dass in den Zwölften das „Wetter für das neue Jahr gemacht wird". Man beobachtete also, wie sich das Wetter in der ersten Rauhnacht verhielt und konnte daraufhin schlussfolgern, wie es im kommenden Januar werden würde. Genauso verhielt es sich mit der zweiten Rauhnacht für den Februar und immer so fort. Allgemein ließ sich noch festhalten: je kälter es in den Rauhnächten war, desto heißer wurde es im Sommer. Zudem verhieß ein klarer Himmel in den Rauhnächten eine reiche Ernte. Interessanterweise ist nicht nur das Wetter der jeweiligen Rauhnächte auf das neue Jahr übertragbar: auch mit persönlichen Empfindungen, dem Gesundheitszustand oder allgemein dem Laufe des Schicksals kann es sich so verhalten – so lohnt es sich immer, in den Rauhnächten besonders wachsam zu sein und auf allerlei Vorzeichen zu achten.

Einige überlieferte Wetterprophezeiungen sind unter den einzelnen Rauhnächten festgehalten.

Die jeweiligen **Mondphasen** können noch unterstützend zu den Tagesthematiken wirken:

↠ Abnehmender Mond: wirkt ausleitend
↠ Zunehmender Mond: wirkt aufnehmend
↠ Vollmond: wirkt verstärkend
↠ Neumond: wirkt abschwächend

SCHRITT FÜR SCHRITT IN DIE RAUHNÄCHTE

Die folgenden Kapitel sollen nun ganz konkret Bezug auf die einzelnen Rauhnächte nehmen. Jeder Tag und jede Nacht wird begleitet von Anregungen, wie man die entsprechende Zeitspanne begehen könnte. Dazu gehören Anregungen zu Ritualen, der Vorschlag für eine Räuchermischung, aber auch ein Platz, um die eigenen Gedanken, Träume und Empfindungen festzuhalten und im Laufe des folgenden Jahres auszuwerten. Bei all diesen Unterpunkten handelt es sich um Orientierungsmöglichkeiten und Impulse, die gewissermaßen als Wegweiser fungieren können. Es besteht kein Zwang, jedes der vorgeschlagenen Rituale am entsprechenden Tag durchzuführen, der Weg dieser inneren Reise kann ganz individuell und intuitiv beschritten werden.

Notizen in früheren Zeiten

Wie es mein Opa bis ins hohe Alter handhabe, war es früher gebräuchlich, sich in einem kleinen Büchlein alle Erlebnisse und Träume während der Rauhnächte zu notieren und diese dann, manchmal vergleichend gemeinsam mit anderen, auszuwerten. So konnte sich schon ein konkretes Bild ergeben, was man im folgenden Jahr zu erwarten hatte: für sein persönliches Schicksal, das des engen Verwandten- und Freundeskreises, aber auch in Hinblick auf universelle Faktoren wie Wetter, soziale Geschicke und lebensprägende Umstände.

Viel haben wir nun schon von den Ursprüngen der Rauhnächte erfahren. Wir können uns viel besser in das Leben der Ahnen und in die Wurzeln der einzelnen Bräuche hineinfühlen und große Gesamtzusammenhänge erkennen.

Mit all diesem Wissen ist es nun an der Zeit, die einzelnen Rauhnächte genauer zu erkunden. Welche Hintergründe liegen ihnen zugrunde? Welche besonderen Möglichkeiten in Bezug auf Orakel und Rituale bieten sie? Welche alten Brauchtümer sind noch in ihnen enthalten? Bei der Nachforschung zu den unterschiedlichen alten Bräuchen und Orakeln, welche sich auf die jeweiligen Tage beziehen, zeigt sich eine unglaubliche Fülle. Es kann sich hier also nicht annähernd um eine vollständige Aufzählung handeln, vielmehr wurden unterschiedliche Bräuche aus verschiedenen Regionen ausgewählt, um die enorme Vielfalt erkennbar zu machen.

Zusätzlich zu den alten Bräuchen von früher findet sich zu jeder Rauhnacht der Vorschlag für eine **Räuchermischung** nach alter Überlieferung. Nach Wunsch kann die Räuchermischung durch ein „modernes" Räucherkraut ergänzt werden. Die Mischungen werden bewusst relativ einfach gehalten, um nicht überladen zu wirken. Am besten entscheidet man sich für ein Kraut, das man beim Verräuchern dominieren lässt. Dazu wird eine Tageslosung angeboten, die man beim Räuchern laut oder in Gedanken mehrfach wiederholen kann.

Den Hauptteil der jeweiligen Tagesgestaltung nehmen auf den Tag bezogene **Vorschläge für Praxisübungen und Rituale** oder verschiedene Denkanstöße beziehungsweise **Fragestellungen** ein, die zum Reflektieren einladen. Auch hier gibt es keine festen Vorgaben für die Durchführung. Die Rituale wurden jeweils so ausgewählt, dass sie ein Minimum an Vorbereitungs- und Durchführungszeit benötigen und bequem in den Alltag integriert werden können.

Freie Seiten bieten eine tagebuchartige Möglichkeit, Eindrücke, Erkenntnisse, Träume und Erlebnisse des entsprechenden Tages festzuhalten und sich so im weiteren Verlauf des Jahres immer wieder darauf zu beziehen.

Vor allem bei Träumen empfiehlt es sich, diese unmittelbar nach dem Aufwachen festzuhalten. Oft verbessert allein die Absicht, die Träume schriftlich festzuhalten, die Traumerinnerung enorm. Direkt nach dem Erwachen kann man noch einige Minuten im Bett sitzen bleiben und konzentriert in sich hineinhorchen. Selbst wenn nur noch einzelne Traumfragmente hindurchschimmern, lohnt es sich dennoch, diese aufzuschreiben und in spätere Betrachtungen miteinzubeziehen.

Träume in früheren Zeiten

Der Deutung von Träumen wurde durch alle Jahrhunderte und alle Kulturen hindurch eine große Bedeutung beigemessen. So gab es zu allen Zeiten unterschiedliche Deutungsansätze, Erklärungsversuche und Orakelmöglichkeiten zu diesem Thema.

Auch im Volks(aber)glauben wurde das so gehandhabt. Man sagte, dass vor allem die Träume in den Rauhnächten mit großer Wahrscheinlichkeit in Erfüllung gehen würden und zwar wieder jeweils dem entsprechenden Monat zugeordnet, je nachdem in welcher Rauhnacht sich der Traum manifestierte. Zudem sollten Träume, die in der ersten Nachthälfte, also vor Mitternacht, erfolgten, sich auf die erste Hälfte des entsprechenden Monats und Träume aus der zweiten Nachthälfte auf die zweite Monatshälfte beziehen. Es gab mannigfaltige Traumsymbole, die auf vielfältige Art interpretiert werden konnten und auch prophetische Träume waren bekannt: man konnte seinen zukünftigen Ehemann, finanzielle Geschicke oder gar seine eigene Todesstunde im Traum ersehen oder zumindest darauf schließen.

Auch Alpträume gehörten zu den intensiven Traumerlebnissen der damaligen Zeit. Es waren eigens Wesen benannt, die diese Träume auslösten, so zum Beispiel Albdrücker wie Druden, die sich des Nachts auf die Brust des Träumers setzten und ein Engegefühl bei der Atmung sowie schlechte Träume verursachten.

Heutzutage sieht man die ganze Thematik etwas losgelöster. Die Traumdeutung ist ein umfangreiches und eigenständiges Thema, jeder mag für sich einen Zugang dazu finden und entscheiden, ob es sich dabei um Botschaften aus der geistigen Welt handelt oder um den „Königsweg zum Unterbewusstsein", wie es Sigmund Freud empfand. Letztendlich bleibt doch immer unendlich viel Spielraum für Eigeninterpretationen und vielleicht ist auch das der Schlüssel zum Verständnis von Träumen: Der Träumer selbst, seine Persönlichkeit, seine Lebenswelt, seine Wünsche und Ängste stehen im Zentrum der Deutung. Nur man selbst weiß Bescheid über seine ureigensten Wünsche und Bedürfnisse und das eigene Entwicklungspotential. Selbst wenn das Alltagsbewusstein nicht unmittelbar den Weg zu möglichen Interpretationen frei gibt, liegen auf einer tieferen Ebene all diese Antworten verborgen. Der Schlüssel bei der Traumdeutung muss also die Verknüpfung mit dem inneren Selbst sein. Die Kunst besteht darin, mit dieser verborgenen Quelle in Kontakt zu treten.

Im Folgenden sind einige Ansätze angeführt, die bei diesem Vorhaben unterstützend wirken können:

→ Am besten notiert man sich direkt nach dem Erwachen alle Details, an die man sich noch erinnert, im Traumtagebuch. Oft verschwimmen die Erinnerungen im Laufe des Tages. Auch auf den ersten Blick unwichtig erscheinende Details sollte man miteinbeziehen.

→ Niemals eine Deutung erzwingen. Wenn der Inhalt zu verwirrend erscheint oder keine zusammenhängende Erinnerung existiert, sollte man den Traum lieber verwerfen. Nicht alle Träume müssen sofort einen Sinn ergeben oder verstanden werden. Manches erschließt sich vielleicht erst im Laufe der Zeit. Auch dafür kann das Traumtagebuch von Nutzen sein. Vielleicht ist man in der Lage, einen Traum nach Ablauf einer bestimmten Zeitspanne und mit einigem persönlichen Abstand ganz anders zu bewerten.

→ Auf die eigene Intuition hören. Was immer einem spontan in den Sinn kommt, ist viel aussagekräftiger als eine Traumdeutung aus dem Internet oder einem Traumlexikon.

→ Aussagekräftiger als einzelne Symbole ist immer die Gesamtstimmung, die sich aus den einzelnen Traumbildern ergibt. Die traumbegleitenden Gefühle sagen oft mehr aus als die Trauminhalte. Welche Wünsche, Sehnsüchte oder Bedürfnisse kann man aus den Träumen erspüren?

→ Albwesen oder -drücker sind in der heutigen Zeit kaum mehr geläufig, dennoch sollte man seine Alpträume nicht verdrängen oder unangenehmen Traumerlebnissen bzw. -gestalten aus dem Weg gehen. Auch negative Träume sollte man nicht verdrängen, sondern versuchen, ihre Botschaft zu entschlüsseln.

DIE QUALITÄT DES TAGES ERSPÜREN

Eine weitere Möglichkeit, die besondere Stimmung der jeweiligen Rauhnachtstage zu nutzen, ist, jeden Morgen nach dem Aufstehen kurz in sich hineinzuhorchen. Vielleicht hilft es, ans Fenster zu treten, nach draußen zu blicken und sich die jeweilige Qualität des Tages zu verdeutlichen. Dabei können spontane Gefühle, Gedanken, Sinneseindrücke und Impulse wahrgenommen werden. Vielleicht lassen sich daraus Rückschlüsse auf den weiteren Verlauf der jeweiligen Monate im nächsten Jahr ziehen.

Oben angeführte Begleitschritte zu den einzelnen Rauhnächten sollten in einem entspannten und ruhigen Moment ohne Hektik oder Zeitdruck durchgeführt werden. Auch sollte man sich nicht dazu zwingen, immer alle Unterpunkte abzuhaken. Führen Sie die Rituale nur dann aus, wenn die nötige Zeit und der innere Wille dazu vorhanden sind.

0. Schwellentag: Innere Stille
1. Rauhnacht: Rückblicken
2. Rauhnacht: Wünsche, Träume und Visionen
3. Rauhnacht: Dankbarkeit
4. Rauhnacht: Glück
5. Rauhnacht: Liebe
6. Rauhnacht: Intuition
7. Rauhnacht: Wahrnehmung (Umwelt, Natur)
8. Rauhnacht: Selbstwahrnehmung
9. Rauhnacht: Gutes anziehen
10. Rauhnacht: Gutes aussenden
11. Rauhnacht: Glaube
12. Rauhnacht: Lebenssinn
13. Rauhnacht: Transformation von alt nach neu, nach vorne blicken, Optimismus

Zu Beginn und sozusagen als Schwelle zu den eigentlichen Rauhnächten wird die Thomasnacht vom 20. auf den 21. Dezember angeführt. Es wurde bereits erläutert, dass sie in manchen Gegenden zu den Rauhnächten zählt in anderen Überlieferungen eher als ein „Türöffner" geschildert wird. Auf jeden Fall ist die Nacht der Wintersonnenwende eine außergewöhnliche und kraftvolle Nacht, in der sich viele alte Bräuche und Orakelmöglichkeiten bewahrt haben.

Stille

ZUR RUHE KOMMEN • INNERE EINKEHR •
DER INNEREN STIMME LAUSCHEN

THOMASNACHT

(1. RAUHNACHT / SCHWELLENNACHT / UNGERADE RAUHNACHT)

20./21. DEZEMBER / TAG 21. DEZEMBER

Bereits im Kapitel „Wie viele Rauhnächte gibt es?" wurde erläutert, dass es verschiedene Zählweisen gibt. Wird die Thomasnacht dazugezählt, sind es insgesamt 13 Rauhnächte. Wird die Christnacht als erste Nacht gerechnet, kommt man auf zwölf Nächte. Hier wird die Variante der 13 Nächte in Klammern angeführt

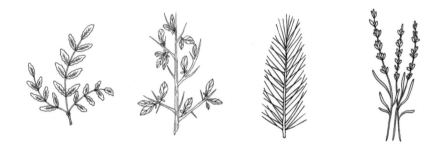

Empfehlung für eine Räuchermischung: 1 Teil Weihrauch, 2 Teile Myrrhe, 2 Teile Fichtenharz; mögliche Ergänzung durch ein „modernes" Kraut: Lavendel

Tageslosung, die während des Räucherns aufgesagt werden kann: Stille umgab mich am Anfang, Stille wird mich am Ende empfangen. Ich lasse meine innere Stille zu.

Namenstag / Name des Tages: hl. Thomas, Thomastag

Andere Namen: Thomasnacht, Rumpelnacht (in Bayern)

Bauernregel: Wenn Sankt Thomas dunkel war, gibt's ein schönes neues Jahr.

Bauernweisheit: Am Thomastag sollte der Braten für Heiligabend geschlachtet werden. Allgemein ein guter Schlachttag.

- Was man in der Thomasnacht träumt, wird wahr. Legt man sich getrocknete Leinsamen unter das Kopfkissen, wird die Wirkung der prophetischen Träume noch verstärkt. Legt man sich verkehrt herum ins Bett – mit dem Kopf ans Fußende, wird einem im Traum eine Frage beantwortet, die man vor dem Einschlafen stellt.
- Pflückt man in der heutigen Nacht ein Zweiglein von einem Holunderbusch und stellt es in der Stube in eine Vase mit Wasser, kann man anhand der Triebe, die sich einstellen, ablesen, wie viele Kinder man einmal haben wird.
- Friesland: Von der Thomasnacht bis zur Dreikönigsnacht läuten durchgängig die Kirchglocken, um die dämonischen Kräfte zu vertreiben.

In dieser ersten Rauhnacht oder Übergangsnacht legen wir das Fundament für die nachfolgende „Seelenarbeit". Alle seelische Reifung und Weiterentwicklung basiert auf innerlichem Frieden und tiefer Stille. Nur aus dieser Stille heraus ist es möglich, sich auf sich selbst zu fokussieren und zu realisieren, was die innere Stimme zu einem spricht, um mögliche Veränderungen zuzulassen. In der heutigen Zeit, in der man fast dauerhaft und an jedem Ort von einem steten Lärmpegel und einer konstanten Geräuschkulisse umgeben ist, verlernt man nur allzu leicht, innere Ruhe einkehren zu lassen. Straßenverkehr, Fluglärm, aber auch die Dauerbeschallung durch Fernseher oder Radio sind allgegenwärtig. Vor allem für Menschen, die in Städten wohnen, ist es oft gar nicht so einfach, äußere und – darauf aufbauend – innere Stille zu finden. Die Fähigkeit, tief in sich Ruhe einkehren zu lassen, sollte an erster Stelle der praxisbezogenen Rauhnachtsbegleitung stehen. Alle weiteren Übungen werden darauf aufbauen. Nur wenn man wahrlich abschalten und zur Ruhe kommen kann, ist es möglich, sich auf sich selbst und sein Seelenwachstum zu konzentrieren. Aus dieser Stille heraus kann es gelingen, unser Potential zu entfalten, verborgene Sehnsüchte, Wünsche und Fähigkeiten wahrzunehmen. Die innere Stille stellt sich nicht automatisch ein. Sie erfordert die Bereitschaft, ihr nachzuspüren und unseren Geist aus den alltäglichen Denkmustern der Sorgen und des Grübelns zu lösen. Um der allumfassenden Geräuschkulisse zu entfliehen und seinen Geist zu befreien, kann ein Spaziergang in freier Natur, zum Beispiel in einem nahegelegenen Wald, hilfreich sein. Abseits der Menschenmassen und des Alltagslärms fällt es leichter, die Aufmerksamkeit nach innen zu lenken und still zu werden.

Meditation der Stille

Diese Meditation kann wunderbar in der freien Natur, zum Beispiel im Wald, ausgeführt werden. Auf jeden Fall sollte dafür ein ruhiger Platz ohne störende Geräuschkulisse aufgesucht werden.

Zuerst setzen wir uns aufrecht auf den Boden, schließen die Augen und versuchen, so gut wie es der Moment zulässt, zu entspannen.

Der Fokus geht nun auf die Atmung, die nach und nach weicher, ruhiger und gleichmäßiger wird.

Alles andere um uns herum wird völlig unwichtig, wir richten die Aufmerksamkeit allein auf die Welt der Geräusche. Welche Geräusche können wir nach und nach wahrnehmen, die uns zuvor noch verborgen waren? Im Freien ist es vielleicht der leise Wind in den Bäumen, das Rascheln eines Tieres, weit entfernte Stimmen? Im Haus sind es vielleicht Geräusche, die von der Straße durch das geschlossene Fenster dringen oder Laute, die das Haus selbst verursacht? Wir nehmen all diese Geräusche bewusst wahr und lassen sie durch unser Bewusstsein gleiten.

Nun wenden wir uns den Geräuschen in unserem Inneren zu. Vielleicht erzeugen innere Stimmungen Sorgen, Ängste, Hoffnungen, innerliche Geräusche, die uns permanent begleiten, die man aber im Alltag nicht wahrnimmt? Auch diese Geräusche fließen nun durch unser Bewusstsein.

Im nächsten Schritt versuchen wir die Stille hinter all diesen Geräuschen, die mit tiefen Emotionen verbunden sind, zu finden. Plötzlich ist alles ganz still und ruhig. Die ruhige Atmung verbindet sich mit der inneren Stille und alles fühlt sich ganz leicht und gelöst an.

Diesem Zustand fühlen wir noch einige Minuten bewusst nach, ehe wir wieder die Augen öffnen und die uns umgebende Welt wieder mit allen Sinnen wahrnehmen.

EINE KLEINE AUFGABE

Heute Abend beim Zubettgehen schauen wir uns bewusst im Raum um und schalten für eine Nacht alle möglichen Geräuschstörquellen aus. Wir gehen in völliger Stille zu Bett und reflektieren am kommenden Morgen, wie sich diese Erfahrung anfühlte und ob wir sie dauerhaft umsetzen wollen.

WIE WAR DAS IN FRÜHEREN ZEITEN?

Vor allem in den dunklen Wintertagen, wenn alle Arbeit ruhte und die Menschen sich in ihre Behausungen zurückzogen, gehörte die Stille wie selbstverständlich zum Alltag dazu. Die geschäftige, fröhliche und arbeitsreiche Zeit des Sommers war zu Ende. Man kam in den Stuben zusammen, führte gemeinsam Handarbeiten aus, unterhielt sich gelegentlich, aber der Geräuschpegel war überschaubar und angenehm. Ganz bewusst sollte in diesen Tagen Ruhe einkehren und eingehalten werden, um Körper und Geist die notwendige Erholung zu ermöglichen.

Fällt es mir schwer abzuschalten und zur Ruhe zu kommen?

*definitiv; ich muss mich immer
irgendwie beschäftigen, an mir
arbeiten, etwas lesen usw.*

Was finde ich in mir, wenn ich ganz still werde?

*Leere und Angst; Angst
vor der Zukunft, Angst vor
bestimmten Konsequenzen,
die ich ziehen müsste, um
mein Leben in Ordnung zu
bringen; Angst mein Le-
ben verpasst zu haben.*

Welche belastenden Geräuschquellen, die mich im Alltag umgeben, könnte ich ausschalten?

Youtube als „Geräusch", das ich nutze um mich abzulenken.

Welche Gefühle äußern sich „laut" in meinem Inneren?

Angst, Sorge

Macht mir Stille Angst oder verschafft sie mir ein beruhigendes Gefühl?

Stille an sich nicht, aber seit einiger Zeit melden sich der Stille negative Gefühle zu Wort.

Wetter und Mondstand

☐ ☀   ☐ ○

☐ ☁   ☐ ●

☒ 🌧   ☒ 🌙   *zunehmend*

☒ 💨   ☐ 🌙

☐ 🌨

Überlieferte Wetterprophezeiungen für den heutigen Tag:

. . . .

. . . .

Sonnenschein: *Das kommende Jahr wird sorgenreich.*
Schneefall oder Regen: *Glück im ganzen neuen Jahr.*

Wie habe ich geschlafen?

☒ ruhig   ☐ unruhig

☐ mehrfach erwacht   ☐ schlaflose Nacht

Was habe ich geträumt?

Vieles, an das ich mich nicht mehr erinnern kann. Ein Traum handelte vage davon (wieder einmal!), daß ich mich verlaufe (oder im falschen Zug sitze?), aber zum ersten

Wie war mein Tag? Was habe ich heute gemacht? Was hat sich ereignet?
Wie war meine Stimmung? Hatte ich besondere Gedanken, Gefühle?

Arbeit (teilweise verdaddelt), Geschenke, Mittagessen mit Kollegen und Adrienn; abends Avrido, dann Streit mit Adrienn. Unruhe und gedrückte Stimmung.

Mal habe ich einen Traum ten bei mir!

Ist heute etwas Besonderes geschehen? Habe ich ein Zeichen erhalten,
etwas Symbolhaftes erfahren? Ist etwas Unerwartetes eingetreten?
Hat sich ein „Wunder" ereignet?

nein.

77

Rückblick

AUFARBEITEN · LOSLASSEN · REFLEKTIEREN

1. RAUHNACHT

(2. RAUHNACHT JE NACH ZÄHLWEISE)
24./25. DEZEMBER / TAG 25. DEZEMBER

Die Zählweise beginnt in der Christnacht um 0.00 Uhr und geht bis zum 25. Dezember um 0.00 Uhr und setzt sich so an allen Tagen fort.
Diese Nacht steht für den Monat Januar im neuen Jahr.

Empfehlung für eine Räuchermischung: 1 Teil Salbei, 2 Teile Holunderrinde; mögliche Ergänzung durch ein „modernes" Kraut: Melisse

Tageslosung, die während des Räucherns aufgesagt werden kann: Ich fühle mich stark und mutig, meinen Weg zu gehen. Vergangenes lasse ich ruhen, alles, was auf meinem weiteren (Lebens)Weg liegt, nehme ich mit Dankbarkeit in Empfang.
Namenstag / Name des Tages: Petrus, Christnacht
Andere Namen: Heilige Nacht, Christi Geburt, Natal
Bauernregel: Christnacht im wachsenden Mond gibt ein Jahr, das sich lohnt.
Bauernweisheit: Wer in der Christnacht dem Vieh reichlich Leckerbissen in den Stall legt, wird sich im nächsten Jahr keine Gedanken um kränkliche Tiere machen müssen.

- Süddeutschland, Österreich: Die Reste des reichlichen Weihnachtsmahles bleiben die ganze Christnacht über auf dem Tisch, damit sich auch die Toten satt essen können.
- Vor allem in der Christnacht beginnen die Tiere zu sprechen. Sie unterhalten sich, wie sie das Jahr über behandelt wurden oder verkünden dem heimlichen Lauscher seinen Todestag.
- In den Pudding oder Kuchenteig usw. steckt man ein goldenes Ringlein oder eine frisch geprägte Münze. In wessen Anteil der Gegenstand steckt, der hat Hochzeitsglück oder auf andere Art ein segensreiches Jahr zu erwarten.
- Wer aus dem Feuer am Weihnachtsabend ein angebranntes Holzscheit zieht und dieses aufbewahrt, kann es bei einem nahenden Gewitter entzünden und Haus und Hof auf diese Art vor Blitzeinschlag schützen.

- Stellt man sich an Heiligabend um Mitternacht auf einen Friedhof oder einen Kreuzweg, sieht man alle, die im nächsten Jahr versterben werden, in einer schweigenden Prozession vorbeiziehen.

Das Thema dieser heutigen ersten „echten" Rauhnacht ist das Rückblicken und Reflektieren. Die Christnacht ist eine kraftvolle Rauhnacht und eignet sich wunderbar, um emotionale Themen in Angriff zu nehmen. Der Rückblick auf eine vergangene Zeitspanne bringt immer auch positive und negative Emotionen mit sich. Schöne Erinnerungen werden vor unserem geistigen Auge wieder wach und bringen für einen Moment Augenblicke zurück, die wir gern noch einmal durchleben würden. Im gleichen Maße werden aber wieder Ereignisse präsent, die wir am liebsten aus den Gedanken verbannen würden. Genauso verhält es sich mit den Menschen in unserem Leben. Erst mit etwas Abstand wird uns bewusst, wer uns unseren Weg gewiesen hat, wer uns weiterbegleiten soll und wer vielleicht zurückgelassen werden muss. Der Rückblick am Ende des Jahres bietet die Möglichkeit, ungelöste Themen loszulassen und sich von der Last der Erinnerung an unschöne Erlebnisse zu befreien. Nichts schwächt Geist und Seele so sehr wie das permanente Grübeln über vergangene Ereignisse, an denen man nichts mehr verändern kann. Nur wenn wir Altes und Überflüssiges erkennen und uns davon befreien, können wir uns vollständig entfalten. Mit dem heutigen Tag beginnt die Phase des Abschlusses. Keine andere Zeit im Jahr bietet sich so gut für das Loslassen an wie die Rauhnachtstage. Die erste Rauhnacht eignet sich hervorragend dafür, ungelöste Themen, alten Kummer oder mitgeschleppte Sorgen abzuschließen und sie nicht mit ins neue Jahr zu nehmen.

Wandlungs-Meditation

In Gedanken lassen wir das vergangene Jahre Revue passieren – Monat für Monat, Woche für Woche, Tag für Tag. Folgende Fragestellungen haben wir dabei im Hinterkopf:

Was hat sich falsch oder gar schmerzhaft angefühlt?
Welche Gelegenheiten habe ich verpasst?
In welchen Situationen hätte ich lieber anders gehandelt?

Die Antworten darauf notieren wir auf einen Zettel. Auf einen zweiten Zettel schreiben wir, wie es idealerweise hätte laufen können. Wir entwerfen ein detailreiches Bild, wie sich eine negative Situation bestenfalls entwickeln hätten können und welche Folgen dies auf unser Leben gehabt hätte. Am Ende verbrennen wir den ersten Zettel mit den negativen Notizen, nur der positive Zettel wird aufbewahrt.

EINE KLEINE AUFGABE

Wir gehen die vergangenen Monate des alten Jahres noch einmal im Geiste durch und stellen uns folgende Fragen: Welche Eigenschaft würden wir gerne loswerden? Welchen Menschen würden wir gerne aus unserem Leben verbannen? Was war bisher hinderlich beim Erreichen unserer Herzensziele? Wir schreiben auf, was uns spontan in den Sinn kommt. Dann falten wir den Zettel und verbrennen diesen in einer feuerfesten Schale. Dabei kann man folgende Affirmation aufsagen: „Ich lösche ... aus meinem Leben. Das Alte geht, und das Neue darf und wird zu mir kommen."

WIE WAR DAS IN FRÜHEREN ZEITEN?

Die Christnacht markierte auch früher den eigentlichen Beginn der Rauhnachtszeit. Spätestens jetzt sollte alles Offene aus dem alten Jahr beglichen, jegliche Unordnung, die in den vorangegangenen Monaten ihren Ursprung hatte, bereinigt sein. Symbolisch führte man früher zu Beginn der Rauhnächte oft den „Kehraus" durch. Dabei wurden alle Wohnräume und manchmal auch die Ställe ausgefegt, um die Altlasten des dahinscheidenden Jahres aus den Stuben zu verbannen. Was nehme ich mit ins neue Jahr?
Zum Rückblicken und Loslassen gehört aber ebenso das Reflektieren, die Bewertung, was man sich im alten Jahr positiv angeeignet hat. Man kann sich noch einmal persönliche Weiterentwicklungen und seelische Reifung jeglicher Art explizit bewusstmachen und gezielt mit in das neue Jahr nehmen. So kann man mit den heutigen Reflektionsfragen eine Art Jahresbilanz erstellen.

Was habe ich im vergangenen Jahr erreicht? Welche Wünsche haben sich erfüllt? Habe ich mich innerlich verändert? Habe ich neue Freundschaften geschlossen?

- Fortschritt Atmung
- Aikido - Interview
- neue Gitarre + Effekt

Welche Projekte habe ich begonnen oder gar erfolgreich abgeschlossen? Zum Beispiel berufliche und private Projekte, einen Umzug an einen anderen Wohnort, eine Reise, ein neues Hobby, eine kreative Tätigkeit ...

S. o.
- Fortschritt Gitarre

Was hat mich in diesem Jahr am meisten geprägt und herausgefordert? Zum Beispiel Streitigkeiten, Krankheiten, unerwartete Ereignisse, Schicksalsschläge ...

Internet-Sucht

Was ist noch offen, was muss noch geklärt oder abgeschlossen werden?

- Ordnung / Aufräumen
- berufliche Zukunft

Was möchte ich endgültig im alten Jahr zurücklassen?

- Undiszipliniertheit
- Internet

Wetter und Mondstand

☒ ☀   ☐ ○

☐ ☁   ☐ ●

☐ 🌧   ☒ 🌙

☒ 🌬   ☐ 🌙

☐ 🌨

Überlieferte Wetterprophezeiungen für den heutigen Tag:

. . . .

. . . .

Sonnenschein: *Streitigkeiten und Hader im engsten Familienkreis.*
Schneefall oder Regen: *Ein schicksalhaftes Ereignis (positiv oder negativ) wird ab dem Januar seinen Lauf nehmen.*
Klare Christnacht: *Reiche Ernte im nächsten Jahr.*

Wie habe ich geschlafen?

☐ ruhig   ☒ unruhig

☐ mehrfach erwacht   ☐ schlaflose Nacht

Was habe ich geträumt?

kann mich nicht erinnern

Wie war mein Tag? Was habe ich heute gemacht? Was hat sich ereignet?
Wie war meine Stimmung? Hatte ich besondere Gedanken, Gefühle?

*Kochen (Gans/Ente) ; Tag mit
Freunden ; müde, etwas
gedrückt*

Ist heute etwas Besonderes geschehen? Habe ich ein Zeichen erhalten,
etwas Symbolhaftes erfahren? Ist etwas Unerwartetes eingetreten?
Hat sich ein „Wunder" ereignet?

Träume und Wünsche

Wünsche

VISIONEN · TRÄUMEN NACHSPÜREN · WÜNSCHE VERWIRKLICHEN

2. RAUHNACHT

(3. RAUHNACHT)

Diese Nacht steht für den Monat Februar im neuen Jahr.

Empfehlung für eine Räuchermischung: 1 Teil Weihrauch, 2 Teile Zedernholz; mögliche Ergänzung durch ein „modernes" Kraut: Iriswurzel

Tageslosung, die während des Räucherns aufgesagt werden kann: Meine Wünsche, Träume und Visionen sind es wert, gelebt zu werden. Sie werden sich nach meiner Vorstellung im neuen Jahr erfüllen.

Namenstag / Name des Tages: hl. Stephanus, Stephan, Stefan

Andere Namen: Stephaninacht

Bauernregel: Windstill muss Sankt Stephan sein, soll die nächste Saat gedeihn.

Bauernweisheit: Der heilige Stephan ist unter anderem der Patron der Pferde. An diesem Tag wurde den Pferden schon immer besondere Aufmerksamkeit zuteil. Auch heute werden vielerorts noch Pferde am 26. Dezember gesegnet.

- Am Stephanstag soll man „Stephanswasser" (= Branntwein) trinken, um das ganze Jahr über gesund zu bleiben.
- Süddeutschland: Wird heute das Stephansbrot gebacken und an die Pferde verfüttert, bleiben sie das ganze Jahr über von Krankheiten verschont.
- An Stephani soll kein Fleisch gekocht werden. Auf diese Art verhindert man Krankheiten, vor allem Magenleiden.
- In der heutigen Nacht erzählen sich die Pferde untereinander die Zukunft. Allerdings darf man sie dabei nicht belauschen.

Träume, Wünsche und Visionen sind wichtige Begleiter eines jeden Menschen, sie verleihen Motivation und Durchhaltekraft, um den Alltag zu bestreiten. Allzu oft verliert man sich dabei allerdings in oberflächlichem Sehnen nach materiellen Gegenständen, welche nur kurzfristige Befriedigung verleihen und übergeht dabei die tieferliegenden Wünsche, für deren Erfüllung man aus der eigenen Komfortzone weichen müsste. Es bedarf der Fähigkeit des Selbstempfindens, um zu erkennen, worauf es im Leben wirklich ankommt. Welche echten inneren Wünsche und Motivationen treiben uns an? Oder streben wir stattdessen oberflächlichen und durch Gier erwachsenen Bedürfnissen nach? Es gilt unseren Wünschen und Visionen eine klare Form zu verleihen, um diese im Alltag nicht schnell wieder aus dem Blickfeld zu verlieren. Eventuell lassen sich unsere Wünsche auch katalogisieren, zum Beispiel nach zeitlichen Kategorieren: Welche Wünsche lassen sich unmittelbar realisieren? Welche erfordern einige kleinere Zwischenschritte? Was muss noch länger reifen, ehe es umgesetzt werden kann? Haben wir also nun unseren tiefsten Herzenswünschen nachgespürt, sollten wir uns verdeutlichen, dass es durchaus im Bereich des Möglichen liegt, dass sie sich im Laufe des neuen Jahres erfüllen werden. Auch wenn die Erfüllung nicht unmittelbar eintritt, sollten wir nicht enttäuscht oder böse werden. Wir können unsere Wünsche aussenden und uns mit der ganzen Kraft unseres Geistes darauf konzentrieren. Wann und auf welche Weise sie letztendlich erfüllt werden, liegt nicht in unserer Macht. Nur ein Wunsch, der aus unserem tiefsten Herzen entspringt, kann zu etwas heranreifen, an dessen Ende wir Glück und Seelenruhe empfinden.

Wunschreise

Wir begeben uns auf eine Gedankenreise. Wir schließen unsere Augen und verlassen in Gedanken den Ort, an dem wir uns gerade befinden. Wir gehen durch die Wohnungs- oder Haustür, ein Stück die vertrauten Wege entlang. Dann schlagen wir den Rückweg ein – kehren dabei aber nicht an den Ausgangsort zurück, sondern finden unseren Weg in unsere Wunschlebenswelt. Vielleicht ist es ja, wenn wir aus einer großen Stadt kommen, ein kleines, altes Häuschen mit verwildertem Garten, die Obstbäume reich beladen und liebe Menschen erwarten uns dort und blicken uns freudig entgegen. Vielleicht ist es aber auch ein ganz anderes Bild, das auf dieser Reise gezeichnet wird. Wichtig ist, diese Visionen bis ins letzte Detail auszuschmücken und auch zu „spüren". Wie ist dieser Traumort? Welche Menschen und Tiere begleiten mich dort? Wie ist die Umgebung? Wie das Klima? Es ist wichtig, ein klar definiertes Traumbild in sich zu tragen, um seinen großen Lebenszielen näher zu kommen.

EINE KLEINE AUFGABE

Wir setzen das Bild, welches wir auf unserer „Wunschreise" vor unserem geistigen Auge gemalt haben, praktisch um. Das kann eine Zeichnung sein oder auch eine Collage. Es entsteht ein Bild von uns, inmitten unseres Wunschlebens. Dieses Bild kann im nachfolgenden Jahr immer als Erinnerung dienen, dass Veränderung zu jeder Zeit möglich ist und wir vielleicht nur einen kleinen Schritt von unseren größten Wünschen entfernt sind.

WIE WAR DAS IN FRÜHEREN ZEITEN?

Der Wunschknoten

Früher gab es viele Bräuche und Rituale, die begleitend zum Ausspruch eines Wunsches durchgeführt wurden. Überliefert ist zum Beispiel der sogenannte Wunschknoten: Man machte einen Knoten in einen Gegenstand, den man nah am Körper trug, zum Beispiel in ein Taschentuch in der Hosentasche oder in einen Schnürsenkel, und trug diesen so lange bei sich, bis der entsprechende Wunsch in Erfüllung ging.

Erfreue ich mich an allen Dingen, die ich bereits habe?

Nein, zu vielen Dingen
habe ich keinerlei Be-
ziehung

Macht mich die Erfüllung eines materiellen Wunsches langfristig glücklich oder ist es nur ein kurzes Glücksgefühl?

Kommt darauf an: In den
meisten Fällen: nein; in
weniger Einzelfällen: ja
Andererseits: glücklich eher
nicht, aber ich erfreue mich
an ihnen

Erinnere ich mich an einen Herzenswunsch aus meiner Kindheit, der in Erfüllung ging?

ja, ein eigenes Haus. Das
finde ich zwar angenehm, aber
die glücklicheren Tage habe ich
in Mietwohnungen verbracht.

Welche Schritte sind möglich und machbar, um meinem Wunschleben ein Stück näher zu kommen?

Das wenn ich wüßte, es scheint
alles so verworren.

Könnte ich bei der Erfüllung eines Wunsches jemand anderem behilflich sein?

Reise: Amerika ???
Reise: Reiter – suchen helfen

Wetter und Mondstand

Überlieferte Wetterprophezeiungen für den heutigen Tag:

. . . .

. . . .

Sonnenschein: *Erhöhung der Preise.*
Schneefall oder Regen: *Nahrungsmittelknappheit.*
Starkes Abendrot am Weihnachtstag (25.12.): *Ein schlimmes Unglück droht – meist im*
größeren Kontext, z.B. eine Seuche.

Wie habe ich geschlafen?

☒ ruhig   ☐ unruhig

☐ mehrfach erwacht   ☐ schlaflose Nacht

Was habe ich geträumt?

kann mich nicht erinnern

Wie war mein Tag? Was habe ich heute gemacht? Was hat sich ereignet?
Wie war meine Stimmung? Hatte ich besondere Gedanken, Gefühle?

lange schlafen; bischen lesen,
Spaziergang, Film suchen.
Gedrückte Stimmung

Ist heute etwas Besonderes geschehen? Habe ich ein Zeichen erhalten,
etwas Symbolhaftes erfahren? Ist etwas Unerwartetes eingetreten?
Hat sich ein „Wunder" ereignet?

nein

Dankbarkeit

HERZ ÖFFNEN • KLEINIGKEITEN WAHRNEHMEN •
DANKBARKEIT AUSDRÜCKEN KÖNNEN

3. RAUHNACHT
(4. RAUHNACHT)
26./27. DEZEMBER / TAG 27. DEZEMBER

Diese Nacht steht für den Monat März im neuen Jahr.

Empfehlung für eine Räuchermischung: 2 Teile weißer Salbei, 1 Teil Johanniskraut; mögliche Ergänzung durch ein „modernes" Kraut: Zitronenmelisse

Tageslosung, die während des Räucherns aufgesagt werden kann: Ich empfinde für jeden Tag und jede Stunde in meinem Leben eine tiefe und aufrichtige Dankbarkeit, denn jedes kleine Erlebnis fügt sich zu dem großen Ganzen zusammen, das mein Leben ausmacht und meine Seele zeichnet.

Namenstag / Name des Tages: Johannes

Andere Namen: Tag des Apostels Johannes (nicht zu verwechseln mit dem Johannitag am 24. Juni, an dem der Geburtstag Johannes des Täufers gefeiert wird und der ebenfalls eine starke Losnacht darstellt.)

Bauernregel: Hat der Evangelist Johannes Eis, dann macht es der Täufer (am 24. Juni) heiß.

Bauernweisheit: An diesem Tage wird der Wein zu Johanniswein geweiht. Dem Johanniswein spricht man besondere Heilkräfte zu.

- „Wo im Hause ein Johanni wohnt, schlagen Blitz und Donner niemals ein." Diese weitläufig bekannte Bauernweisheit sorgte für eine starke Verbreitung der Namen Johannes und Johann in den letzten Jahrhunderten.
- Haben Mütter Angst, dass ihre kleinen Kinder im Schlaf ersticken könnten (heute als plötzlicher Kindstod bekannt), nennt man dies „Johannisangst". Ein Bittgang, bei dem der heilige Johannes angerufen wird, kann die Kinder davor schützen.
- Tirol: Führt man während des Abendläutens ein Liebesorakel durch, wird das Ergebnis sicherlich eintreten. Spricht man gar einen innigen Liebesspruch, d.h. einen Wunsch aus, wer der zukünftige Liebste werden solle, wird diese Person für alle Zeit an uns gebunden sein.

Brauchtum: Neunerlei Kräuter spielen im Aberglauben eine wichtige Rolle. Am weitesten verbreitet ist folgende Zusammensetzung: Quendel, Wegerich, Löwenzahn, Schafgarbe, Butterblume, Eisenkraut, Ochsenzunge, Brennnessel und Odermennig (Ackerkraut). Die Kräuter werden mit der Wurzel ausgerissen und im gleichen Verhältnis zueinander kombiniert. Auf diese Art erhalten sie eine hohe Zauber- und Heilkraft und können für verschiedenste Zwecke, sowohl für guten als auch für schädlichen Zauber, verwendet werden. Bindet man beispielsweise in der Johannesnacht ein Sträußlein aus den neun getrockneten Kräutern und legt dieses unter sein Kopfkissen, wird man das ganze Jahr über hellsichtige Träume haben.

Die Johanninacht verstärkt positive Emotionen und erleichtert es uns, zu ihnen durchzudringen. Dankbarkeit ist, ebenso wie Glück, Liebe und Freude, ein sehr starkes Gefühl, das viele positive Emotionen in unser Leben holen kann. Leider ist die Fähigkeit, Dankbarkeit zu empfinden meist unter den alltäglichen Missstimmungen verborgen und wird oft erst wieder an die Oberfläche geholt, wenn ein schlimmes Ereignis durchlebt und überstanden wurde. Außerdem ist es in einer Zeit, in der man das meiste ohnehin schon hat, schwer, noch für Kleinigkeiten dankbar zu sein und dieses Gefühl nicht nur für vermeintliche Großartigkeiten wie einen Lottogewinn, ein neues Auto usw. zu empfinden. Das Herz für die alltägliche Dankbarkeit zu öffnen, kann eine Möglichkeit sein, das Leben mit positiven Gefühlen anzureichern und sich selbst zum Leuchten zu bringen. Im Laufe eines Tages gibt es viele kleine Gelegenheiten, die uns oft in der Alltagshektik entgleiten, Dankbarkeit zu empfinden. Man kann sich auch immer wieder in Erinnerung rufen, für die großen Lebensthemen, Familie, Freunde und Gesundheit, aus vollem Herzen Dankbarkeit zu empfinden. Das Gefühl der Dankbarkeit hat eine verbindende, herzöffnende Wirkung, es stimmt uns zufrieden und glücklich, erdet uns und macht uns achtsam mit uns selbst und den Mitmenschen. Haben wir also nun unseren tiefsten Herzenswünschen nachgespürt, sollten wir uns verdeutlichen, dass es durchaus im Bereich des Möglichen liegt, dass sie sich im Laufe des neuen Jahres erfüllen werden. Auch wenn die Erfüllung nicht unmittelbar eintritt, sollten wir nicht enttäuscht oder böse werden. Wir können unsere Wünsche aussenden und uns mit der ganzen Kraft unseres Geistes darauf konzentrieren. Wann und auf welche Weise sie letztendlich erfüllt werden, liegt nicht in unserer Macht. Nur ein Wunsch, der aus unserem tiefsten Herzen entspringt, kann zu etwas heranreifen, an dessen Ende wir Glück und Seelenruhe empfinden.

Dankbarkeitsbüchlein

Ein einfaches Ritual zur Dankbarkeit, das sich nach Belieben durchführen lässt – vielleicht nur eine Woche lang, vielleicht das ganze Jahr hindurch –, ist das Anlegen eines Dankbarkeitsbüchleins. Am besten legt man die Ausführung in die Abendstunden vor dem Zubettgehen. Man setzt sich an einen ruhigen Ort und führt sich ganz gezielt vor Augen, wofür man an diesem Tag dankbar war und was einem das Herz erwärmt hat. Es ist erstaunlich, wie viele Kleinigkeiten einem dabei einfallen, denen man im Laufe des Tages keine Beachtung geschenkt hat oder die von den alltäglichen Ärgernissen übertüncht wurden. Es geht dabei nicht um die großen Themen wie Gesundheit oder die Anwesenheit lieber Menschen in unserem Leben, sondern tatsächlich „nur" um die täglichen kleinen Freudenereignisse. Das kann das nette Lächeln oder eine hilfsbereite Reaktion eines Mitmenschen sein, ein besonderes Tier, dem man begegnet ist, oder etwas, das man neu in der Natur entdeckt hat. Notiert man all dies täglich oder zumindest während der Zeit der Rauhnächte in ein kleines Büchlein, ergibt sich ein ganz persönlicher Schatz, den man immer wieder mit Freude lesen kann. Er führt uns zu jeder Zeit vor Augen, dass das Leben immer mit so viel mehr positiven Momenten aufwartet, als wir manchmal wahrhaben möchten.

EINE KLEINE AUFGABE

Heute gehen wir in Gedanken einmal alle Menschen durch, die es gut mit uns meinen. Wer hat uns im scheidenden Jahr selbstlos geholfen? Wer steht immer an unserer Seite? Diesem Menschen sagen wir heute aufrichtig und aus tiefstem Herzen ein Dankeschön.

Dankbarkeitsrituale

Früher wurde bei vielen Gelegenheiten, sowohl Alltäglichem als auch den großen Ereignissen des Jahreslaufes – zum Beispiel eine gut verlaufene Geburt, eine reiche Ernte, ein gutes Viehjahr –, Dankbarkeit zum Ausdruck gebracht oder zelebriert. Diese Dankbarkeit fußte oft auf Dingen, die für uns heutzutage selbstverständlich sind. Zu einer Zeit, als das Überleben der Menschen noch unmittelbar von den Naturgewalten und der Witterung abhing, gab es eine Vielzahl von Anlässen und Möglichkeiten, seine Dankbarkeit auszudrücken. Votivtafeln, Spenden, der Almabtrieb mit den prachtvoll geschmückten Tieren nach einem glücklichen Almsommer und vieles mehr. Auch unzählige alte „Bildstöckerl" und andere Votivgaben in den Kirchen und Kapellen zeugen heute noch von dieser tief empfundenen Dankbarkeit.

FRAGEN ZUR REFLEXION

Fällt es mir leicht, Dankbarkeit zu empfinden?

nein

. . . .

. . . .

. . . .

. . . .

. . . .

. . . .

Sind mir die unzähligen Kleinigkeiten im Alltag, für die man dankbar sein kann, bewusst?

nein

. . . .

. . . .

. . . .

. . . .

. . . .

Kann ich meine Dankbarkeit anderen gegenüber zum Ausdruck bringen?

ja, aber oftmals eher als
soziale Konvention

Überwiegen am Ende des Tages negative Gefühle oder ist mein Herz erfüllt von Dankbarkeit, auch für Kleinigkeiten?

negativ meist

Wetter und Mondstand

☒ ☀

☐ ☁

☐ 🌧

☐ 💨

☐ 🌨

☐ ○ (Vollmond)

☒ ● (Neumond)

☐ 🌙 (Halbmond)

☐ 🌙 (Sichel)

Überlieferte Wetterprophezeiungen für den heutigen Tag:

. . . .

. . . .

Sonnenschein: *Beruflicher Erfolg.*
Schneefall oder Regen: *Unerwartetes Wiedersehen mit einem für lange Jahre aus dem Leben verschwundenen Menschen.*
Eiseskälte: *Heißer Sommer*

Wie habe ich geschlafen?

☒ ruhig

☐ unruhig

☐ mehrfach erwacht

☐ schlaflose Nacht

Was habe ich geträumt?

kann mich nicht erinnern

Wie war mein Tag? Was habe ich heute gemacht? Was hat sich ereignet?
Wie war meine Stimmung? Hatte ich besondere Gedanken, Gefühle?

Geburtstag geplant; Schl-Aus-
stellung

Ist heute etwas Besonderes geschehen? Habe ich ein Zeichen erhalten,
etwas Symbolhaftes erfahren? Ist etwas Unerwartetes eingetreten?
Hat sich ein „Wunder" ereignet?

nein

Glück

GLÜCK WAHRNEHMEN •
SICH VOM GLÜCK BEGLEITET FÜHLEN

4. RAUHNACHT

(5. RAUHNACHT)

27./28. DEZEMBER / TAG 28. DEZEMBER

Diese Nacht steht für den Monat April im neuen Jahr.

Empfehlung für eine Räuchermischung: 1 Teil Weihrauch, 2 Teile Zeder, 2 Teile Myrrhe; mögliche Ergänzung durch ein „modernes" Kraut: Ysop

Tageslosung, die während des Räucherns aufgesagt werden kann: Ich ziehe das Glück an, das Glück bringt meine Seele zum Leuchten.

Namenstag / Name des Tages: Tag der unschuldigen Kinder

Andere Namen: Fest der Unschuldigen Kinder, Nacht der Heiligen, Nacht der Unschuldigen, Kindermord in Betlehem

Bauernregel: Haben's die unschuldigen Kindlein kalt, so weicht der Frost nicht so bald.

Bauernweisheit: Auch heute noch ist es in vielen Gemeinden der katholischen Kirche Brauch, am oder um den Gedenktag der Unschuldigen Kindlein die Kinder mit verschiedenen Segenssprüchen und Ritualen zu segnen.

- Süddeutschland: Am Fest der Unschuldigen Kinder wird in Klosterschulen der jüngste Schüler einen Tag lang auf den Stuhl des Abtes gesetzt.
- Der Tag gilt als Unglückstag. Man sollte keine neuen Aufgaben beginnen, da diese nicht gelingen werden.
- Böhmen: Der Wochentag, auf den Unschuldige Kinder fällt, bleibt das ganze Jahr hindurch unglücklich und eignet sich nicht für Eheschließungen, da diese vom Pech verfolgt bleiben.
- Regnet es an Unschuldige Kinder, so ist dies ein schlechtes Vorzeichen für alle Wöchnerinnen des kommenden Jahres. Schwere Geburten und Todesfälle bei der Geburt stehen bevor.

Der Tag der „unschuldigen Kinderlein" lässt uns selbst noch einmal Kind werden oder mit einer kindlichen Innigkeit der Fähigkeit, Glück empfinden zu können, nachspüren. Glück haben, aber auch Glück empfinden können, gehört zu den größten Themen des Lebens überhaupt. Dabei ist es völlig subjektiv, wann wir sagen, dass wir Glück haben. Mag es für den einen ein Lottogewinn sein, so ist für den anderen das Liegen auf einer Wiese im Sonnenschein das größte Glück. Auch hierbei kann unsere Sichtweise maßgeblich daran beteiligt sein, wie sich Glück für uns anfühlt. Positive Gedanken und die Wertschätzung von Kleinigkeiten werden wie selbst dafür sorgen, dass sich das Glück in unserem Leben niederlässt. Wie bei vielen Themen ist die Färbung der eigenen Gedanken ausschlaggebend. Wer immer nur das Schlechte sieht und sich einredet, ohnehin in allem Pech zu haben, wird tatsächlich unglückliche Situationen anziehen. Finden wir hingegen Glück schon in kleinen Alltäglichkeiten, werden sich diese zu einem intensiv empfundenen Glück summieren. Denn bekanntlich ist doch jeder „seines eigenen Glückes Schmied". Selbstverständlich gibt es äußere Faktoren, die wir nicht beeinflussen können, aber die eigenen Gedanken und der eigene Glaube bewirken doch sehr viel im Leben. Um das Glück anzuziehen und sich gedanklich immer beschützt und behütet zu fühlen, kann man einen kleinen Glücksbringer immer bei sich tragen.

Einen Glücksbringer basteln, der mich das ganze Jahr begleitet

Um für ein gutes Gefühl zu sorgen, selbst wenn man nicht mehr so uneingeschränkt an die Wirksamkeit eines Glücksbringers glaubt, wie die Leute früher, kann man sich auch heutzutage noch einen Glücksbringer basteln, den man in der Tasche mit sich trägt oder als Schlüsselanhänger verwendet. Dabei kann alles zur Verwendung kommen, was für einen selbst von Bedeutung ist oder wozu man sich intuitiv hingezogen fühlt. Altes und Neues, Fundstücke aus der Natur, Edelsteine, zu denen man eine gewisse Verbindung verspürt oder einfach etwas, das mit persönlichen wertvollen Erinnerungen behaftet ist, ein Gegenstand aus der Kindheit zum Beispiel. Die Tätigkeit des Bastelns kann einen ganz vereinnahmen und meditativ sowie beruhigend wirken.

EINE KLEINE AUFGABE

Heute gehen wir in Gedanken die vergangenen Tage, Wochen, Monate durch. Wann war der Moment, in dem wir zum letzten Mal unbeschwertes Glück empfunden haben? Was war dafür nötig? Welche Stimmung begleitete dieses Ereignis und welchen Nachhall hat es in uns hinterlassen? Wir lassen bewusst zu, dass dieser Moment noch einmal ganz präsent wird und uns in all seinen Farben aufleuchtet.

WIE WAR DAS IN FRÜHEREN ZEITEN?

Amulette

Der Glaube an die Wirksamkeit von allerlei Amuletten und Glücksbringern, die man ständig bei sich trug oder sogar in die Kleidung einnähte, war früher weit verbreitet. Dabei wurden mannigfaltige Objekte und Materialien verwendet und kombiniert. Als Beispiel hier soll eine alte Fraisenkette dienen, so wird eine Zusammenstellung verschiedener Anhänger und Amulette bezeichnet. Die Kette sollte als Schutz vor allerlei Übel dienen und wurde vor allem an den Wiegen oder unter der Matratze von kleinen Kindern angebracht.

Wie würde ich Glück definieren?

*Sorgenfreiheit ; im Augen-
blick sein und ihn
genießen können, so wie
er ist.*

Besitze ich die Fähigkeit, Glück in den kleinen Momenten des Alltags wahrzunehmen?

Selten

Was macht mich in meinem Leben wirklich glücklich?

Natur ; nicht für andere
ständig da sein müssen ;
Musik ; ein ruhiger Abend
mit einem guten Buch ;
unterwegs sein

Womit könnte ich heute einen anderen Menschen glücklich machen?

nicht griesgrämen

Wetter und Mondstand

☐ ☀   ☐ ○

☒ ☁   ☐ ●

☐ 🌧   ☐ 🌙

☐ 💨   ☒ 🌙 *abnehmend*

☐ 🌨

Überlieferte Wetterprophezeiungen für den heutigen Tag:

. . . .

. . . .

Sonnenschein: *Gute Ernte – im übertragenen Sinn auch Lohn für harte Arbeit.*
Schneefall oder Regen: *Viele Todesfälle sind zu erwarten.*
Eiseskälte: *Langer Frost und spätes Tauwetter.*

Wie habe ich geschlafen?

☒ ruhig   ☐ unruhig

☐ mehrfach erwacht   ☐ schlaflose Nacht

Was habe ich geträumt?

keine Ahnung

Wie war mein Tag? Was habe ich heute gemacht? Was hat sich ereignet?
Wie war meine Stimmung? Hatte ich besondere Gedanken, Gefühle?

Köln ; gedrückt

Ist heute etwas Besonderes geschehen? Habe ich ein Zeichen erhalten,
etwas Symbolhaftes erfahren? Ist etwas Unerwartetes eingetreten?
Hat sich ein „Wunder" ereignet?

nein

Liebe

LIEBE ALS ZENTRALES LEBENSTHEMA ·
LIEBE ZULASSEN · VERZEIHEN ·
DAS EIGENE HERZ ÖFFNEN

5. RAUHNACHT

(6. RAUHNACHT)

28./29. DEZEMBER / TAG 29. DEZEMBER

Diese Nacht steht für den Monat Mai im neuen Jahr.

Empfehlung für eine Räuchermischung: 1 Teil Holunder, 1 Teil Salbei; mögliche Ergänzung durch ein „modernes" Kraut: Rose, Rosenblüte

Tageslosung, die während des Räucherns aufgesagt werden kann: Ich empfinde eine tiefe Liebe für mich selbst und für alle Lebewesen, die meinen Lebensweg berühren.

Namenstag / Name des Tages: David, hl. Thomas

Bauernregel: Schneit's am Tag nach unschuldige Kindl, fährt der Januar gar hart in die Schindel.

Bauernweisheit: In der heutigen Nacht sind die guten Hausgeister sehr aktiv. Indem man ihnen ein Schälchen Milch hinstellt, kann man sie besonders anspornen, das neue Jahr über weiterhin fleißig zu sein. So war es im Volksglauben weit verbreitet, am heutigen Abend vor dem Zubettgehen kleine Schüsseln mit Milch in den Wohnstuben und Stallungen zu verteilen.

- Am heutigen Tag aus unterschiedlichen Kräutern aufgebrühter Tee wird auch „Davidstee" genannt und heilt alle Kranken.
- In manchen Gegenden heißt das Sternbild des Großen Wagens „Davidswagen". Fährt der „Davidswagen" in der heutigen Nacht durch die Straßen, werden im nächsten Jahr viele Christen sterben.
- Böhmen: Heute Nacht kann man die Unterirdischen in ihrer Werkstatt arbeiten hören. Kinder und andere sehr sensible Menschen können in der Nacht die Hausgeister bei der Arbeit beobachten.
- Wer heute, ohne ein Wort zu reden, eine ganze Hagebutte verschluckt, steigert seine Kräfte.
- Lässt man heute seine Schuhe vor der Haustür stehen, sind sie am nächsten Morgen blitzeblank geputzt.

Die heutige Rauhnacht steht in Verbindung mit dem Monat Mai des kommenden Jahres. Ein Monat, der seit jeher mit der Liebe und mit der Fruchtbarkeit in Verbindung gebracht wird. „Schön ist eigentlich alles, was man mit Liebe betrachtet. Je mehr jemand die Welt liebt, desto schöner wird er sie finden" (Christian Morgenstern): Ein Zitat, das wahrer nicht sein könnte. Liebe ist zweifelsfrei die gewaltigste Emotion in unserem Leben und berührt jeden Bereich unserer Lebenswelt. Das höchste Ziel der eigenen Seelenreife sollte sein, sich selbst und alle anderen Lebewesen mit reiner Liebe betrachten und behandeln zu können. Natürlich ist das in der Praxis oft sehr schwer umsetzbar, da man nur allzu leicht von verschiedenen negativen Gefühlen ergriffen und von diesem Vorhaben abgebracht wird.

Das Ritual des Verzeihens

Um reine Liebe empfinden zu können, ist es wichtig, Gram und Groll aus der Vergangenheit, den man gegen andere oder auch gegen sich selbst hegt, von sich nehmen zu können. Es schadet uns nur, diesen Kummer oder im schlimmsten Fall sogar den Zorn auf dem weiteren Weg mitzuschleppen. Die Rauhnächte eignen sich wunderbar, um Lasten dieser Art abzuwerfen und seine Energie nicht weiter an negative Gefühle zu vergeuden. Dazu ziehen wir uns wieder bewusst in unser innerstes Gefühl zurück und denken aus tiefstem Herzen „ich verzeihe dir". Schon dabei wird man merken, wie einem selbst leichter ums Herz wird. Verzeihen ist neben Lieben eine der größten Fähigkeiten, die der Mensch aufbringen kann und die einem selbst genau so viel zurückgibt. Noch leichter ist es, wenn einem der andere einen Schritt entgegenkommt. Ein liebes Wort der Entschuldigung, ein Kuss oder eine Umarmung die von Herzen kommt, kann alles Böse wieder gut machen. Niemals sollte man diese negativen Gefühle des Hasses und des Nachtragens jahrein und jahraus mit sich herumschleppen. Sie bringen nichts Gutes und hindern uns daran, wertvolle Momente mit Menschen, die uns am Herzen liegen, zu verbringen. So kann zum Ritual des Verzeihens auch gehören, Zeit zu finden, um miteinander ins Gespräch zu treten, um die Beweggründe des anderen vielleicht neu zu verstehen und zum Abschluss eine Umarmung zu verschenken, um damit dem anderen zu versichern: „Es ist alles wieder gut, ich trage dir nichts mehr nach."

Heute versuchen wir, alles und jeden um uns herum mit Liebe zu betrachten. Auch Menschen, die uns bisher möglicherweise nicht so sympathisch waren oder die uns gar geschadet haben, stellen wir uns vor unserem geistigen Auge vor und versuchen gezielt, alles Schöne und Gute an ihnen aufzuzählen.

WIE WAR DAS IN FRÜHEREN ZEITEN?

Liebe

Liebe war natürlich auch früher schon das zentrale Lebensthema, um das sich viele Bräuche und Sagen rankten. Auch zahlreiche Orakelmöglichkeiten, um einen überirdischen Hinweis auf den potentiellen zukünftigen Partner zu erhalten, waren im Umlauf. So ist zum Beispiel folgendes Orakel überliefert, welches sehr einfach umzusetzen war: Man stellt sich in seinem Schlafzimmer mit dem Rücken zur Zimmertür auf und wirft einen Pantoffel mit der rechten Hand über die rechte Schulter. Die Richtung, in die die Schuhspitze weist, gibt zugleich den Wohnort des künftigen Partners an.

Ist es mir möglich, bedingungslos zu lieben?

Empfinde ich Liebe für alle Menschen und generell für alle Lebewesen?

Kann ich die Liebe in mir zu jeder Zeit spüren?

Gelingt es mir, Hass und andere negativen Gefühle auszublenden und abzustellen?

Wetter und Mondstand

☐ ☀ ☐ ○

☐ ☁ ☐ ●

☐ 🌧 ☐ 🌙

☐ 💨 ☐ 🌙

☐ 🌨

Überlieferte Wetterprophezeiungen für den heutigen Tag:

. . . .

. . . .

Sonnenschein: Die Kräuter gedeihen im Sommer besonders gut und entwickeln eine hohe Heilkraft.
Schneefall oder Regen: Kalter Januar. Schwere Geburten, ungewöhnlich viele Todesfälle bei den Geburten.

Wie habe ich geschlafen?

☐ ruhig ☐ unruhig

☐ mehrfach erwacht ☐ schlaflose Nacht

Was habe ich geträumt?

. . . .

. . . .

. . . .

. . . .

Wie war mein Tag? Was habe ich heute gemacht? Was hat sich ereignet?
Wie war meine Stimmung? Hatte ich besondere Gedanken, Gefühle?

. . . .

. . . .

. . . .

. . . .

Ist heute etwas Besonderes geschehen? Habe ich ein Zeichen erhalten,
etwas Symbolhaftes erfahren? Ist etwas Unerwartetes eingetreten?
Hat sich ein „Wunder" ereignet?

. . . .

. . . .

. . . .

Intuition

DIE INNERE STIMME ERLAUSCHEN · DEN EIGENEN ENTSCHEIDUNGEN
VERTRAUEN · TIEF IN SICH HINEINSPÜREN

6. RAUHNACHT

(7. RAUHNACHT)

Diese Nacht steht für den Monat Juni im neuen Jahr.

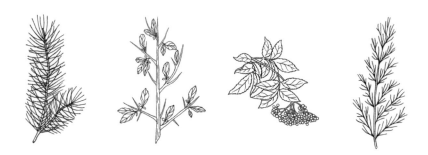

Empfehlung für eine Räuchermischung: 2 Teile Tannenharz, 1 Teil Myrrhe, 1 Teil Holunder; mögliche Ergänzung durch ein „modernes" Kraut: Zeder

Tageslosung, die während des Räucherns aufgesagt werden kann:
Ich vertraue ganz auf mein Gefühl. Meine innere Stimme wird mich sicher leiten und mir helfen, die richtigen Entscheidungen zu treffen.

Namenstag / Name des Tages: Tag der Heiligen Familie

Bauernregel: Sitzt die Heilige Familie in der Kälte, vergeht der Frost nicht in Bälde.

Bauernweisheit: Man soll diese Nacht im Kreise seiner Familie zubringen. Dies wurde vor allem von der Landbevölkerung in vielen Regionen so gehalten. Ein gemeinsam eingenommenes Abendmahl mit allen Familienmitgliedern, vor allem Schweinefleisch und Kraut, stärkte den Zusammenhalt in der Familie das ganze Jahr über.

- Man sollte heute keine Arbeiten oder Projekte mehr beginnen, die nicht endgültig vor Beginn des neuen Jahres abgeschlossen werden können.
- Leute, die heute gemeinsam Sauerkraut verspeisen, bleiben das ganze Jahr über in positiven Gefühlen einander verbunden.
- Heute darf man niemandem erzählen, was man geträumt hat, sonst geht es nicht in Erfüllung. Die schlimmen Träume hingegen würden sich mit doppelter Heftigkeit erfüllen.
- Schüttelt man heute alle Obstbäume im Garten der Reihe nach im Uhrzeigersinn, werden sie im neuen Jahr außergewöhnlich gut tragen.

Diese vorvorletzte Rauhnacht im alten Jahr trägt bereits die Ahnung der bevorstehenden Jahreswende mit sich. Noch sind wir zwei Nächte vom neuen Jahr entfernt, aber dennoch liegt bereits der Wandel in der Luft und uns wird bewusst, dass das alte Jahr bald endgültig Geschichte sein wird. Diese Erkenntnis macht die 6. und die 7. Rauhnacht wohl zu den emotional aufgeladensten. Diese Rauhnacht bietet sich hervorragend dafür an, dem starken Gefühl der Intuition nachzuspüren. Die Intuition ist ein wichtiger innerer Begleiter, der uns mit auf den Weg gegeben wurde. Leider wird sie sehr oft durch vernunftgeprägte Entscheidungen verdrängt oder übertönt. Erst im Nachhinein erkennt man, dass der dadurch eingeschlagene Weg nicht glücklich macht und sich durchweg falsch anfühlt. Viele Sagen und Märchen erzählen davon, dass während der Rauhnachtstage die innere Stimme besonders präsent ist und Entscheidungen, die in dieser Zeit intuitiv getroffen werden, fast immer einen glücklichen Verlauf nach sich ziehen.

Die innere Stimme erlauschen

Von dem Zeitpunkt des Lesens dieser Zeilen bis zum Zubettgehen heute Abend schenken wir unserer inneren Stimme besondere Aufmerksamkeit. Wir versuchen, sie bei kleineren Aufgaben oder Entscheidungen des Tagesverlaufes zu erlauschen und spüren ihr nach, wenn sich die Gedanken den großen Themen des Lebens zuwenden. Vielleicht steht gerade eine schwerwiegende Entscheidung an? Wie fühle ich mich bei dem Gedanken an die möglichen Konsequenzen, die diese Entscheidung nach sich ziehen könnte? Ist es mir möglich, alle rationalen Aspekte zu verwerfen und mich allein auf mein Gefühl zu konzentrieren? Um der Intuition intensiv nachzuspüren, legen wir beide Hände übereinander auf die Bauchmitte und konzentrieren uns ganz auf das Gefühl, das gewisse Fragestellungen dort auslösen. Verkrampft sich das Innere dabei oder entsteht ein wärmendes, positives Gefühl?

EINE KLEINE AUFGABE

Die heutige Aufgabe kann als kleine Meditation oder Übung gesehen werden, mit unserer inneren Stimme in Berührung zu kommen. Wir setzen uns aufrecht und entspannt auf einen Stuhl oder auf den Boden und lassen nach und nach die Atmung ruhiger werden. Die Atmung geht mehr und mehr nach innen und auch die Wahrnehmung blendet alles, was in diesem Moment um uns herum vorgeht, aus und konzentriert sich nur auf die inneren Wahrnehmungen. Wir versuchen nicht, die Gedanken in eine bestimmte Richtung zu lenken, sondern nehmen einfach wahr, was vor unserem geistigen Auge auftaucht: Bilder, Erinnerungen, Gefühle. Auch unangenehme Gefühle sollten zugelassen und nicht verdrängt werden. Welche Gesamtstimmung ergibt sich aus diesen Wahrnehmungen? Wie wirken sie sich auf das Bewusstsein aus? Nach einigen weiteren ruhigen Atemzügen öffnen wir die Augen und lassen die äußeren Eindrücke wieder zu.

Intuition

Die ganze Menschheitsgeschichte hindurch waren Menschen auf das Treffen von intuitiven Entscheidungen angewiesen. Früher konnte sogar das unmittelbare Überleben davon abhängen. Kleine Hilfsmittel, zum Beispiel Steine, Kräuter und Pflanzenteile (darunter vor allem Zedernblätter und -holz), Tierknochen oder andere Amulette, die man bei sich am Körper trug, sollten die innere Stimme unterstützen.

Ist meine innere Stimme immer präsent oder wird sie von der vermeintlichen Vernunft überlagert?

Wann habe ich zuletzt eine intuitive Entscheidung getroffen?

Habe ich schon einmal auf meine innere Stimme gehört und dies im weiteren Verlauf bereut?

Macht es mir Angst, Entscheidungen intuitiv zu treffen und die Rationalität zu vernachlässigen?

Wetter und Mondstand

☐ ☼   ☐ ◯

☐ ☁   ☐ ⬤

☐ 🌧   ☐ 🌙

☐ 🌬   ☐ 🌙

☐ ❄☁

Überlieferte Wetterprophezeiungen für den heutigen Tag:

. . . .

. . . .

Sonnenschein: *Zahlreiche Fische und Vögel im neuen Jahr.*
Schneefall oder Regen: *Eiseskälte im neuen Jahr, sehr kalte Eisheilige.*

Wie habe ich geschlafen?

☐ ruhig   ☐ unruhig

☐ mehrfach erwacht   ☐ schlaflose Nacht

Was habe ich geträumt?

. . . .

. . . .

. . . .

Wie war mein Tag? Was habe ich heute gemacht? Was hat sich ereignet?
Wie war meine Stimmung? Hatte ich besondere Gedanken, Gefühle?

. . . .

. . . .

. . . .

Ist heute etwas Besonderes geschehen? Habe ich ein Zeichen erhalten,
etwas Symbolhaftes erfahren? Ist etwas Unerwartetes eingetreten?
Hat sich ein „Wunder" ereignet?

. . . .

. . . .

Wahrnehmung

der Umwelt und der Natur

ACHTSAMKEIT · OFFENES AUGE · LIEBE ZUR NATUR

7. RAUHNACHT

(8. RAUHNACHT)

30./31. DEZEMBER / TAG 31. DEZEMBER

Diese Nacht steht für den Monat Juli im neuen Jahr.

Empfehlung für eine Räuchermischung: 1 Teil Salbei, 1 Teil Beifuß; mögliche Ergänzung durch ein „modernes" Kraut: Eberesche

Tageslosung, die während des Räucherns aufgesagt werden kann: Alles was mich umgibt, berührt mich. Ich bin offen und empfänglich für die Geschenke der Natur.

Namenstag / Name des Tages: Silvester, Jahreswechsel, Jahreswende, Altjahrstag, Altjahrestag

Bauernregel: Silvesterwind und warme Sonn', verdirbt die Hoffnung auf Wein und Korn.

Bauernweisheit: Je mehr Krach man am Jahreswechsel veranstaltet, desto größer ist die Wirksamkeit der Austreibung des Bösen und der dämonischen Geister. Als man Pyrotechnik noch nicht dafür einsetzte, galt es so laut wie möglich mit Brettern auf den Boden oder gegen ein anderes Brett zu dreschen, wild die Glocken zu läuten und vieles mehr.

- Vielerorts springt man beim zwölften Glockenschlag möglichst geräuschvoll von einem Tisch auf den Boden. Wer diese Handlung unterlässt, fordert das Unglück heraus.
- Sachsen: Alle Mitglieder einer Familie trinken ihre Gläser um Schlag Mitternacht auf einen Zug gemeinsam aus und werfen diese dann durchs Fenster. Damit wird Unglück vom Haus ferngehalten.
- In vielen Gegenden wird zu Silvester ein Platz an der Tafel freigelassen, damit die Verstorbenen am Mahl teilnehmen können.
- Süddeutschland: Die Silvesternacht ist eine der vier Rauhnächte (Thomasnacht, Christnacht, Heiligdreikönignacht), in der ein Priester oder der Hausvater das Haus durchräuchert, während die restlichen Hausbewohner mit Lichtern durch die Zimmer ziehen.
- Moos, das man in der Silvesternacht nackt vom Friedhof holt, heilt Gicht, Nieren- und Gallensteine.
- Schaut man durchs Schlüsselloch einer Kirchentür, wirft man einen Blick in die eigene Zukunft.

Die vorletzte Dezembernacht lässt den Wechsel zwischen alt und neu noch näher rücken und markiert zugleich die Mitte der Rauhnächte. Es ist an der Zeit, sich einem weiteren großen Themenkomplex zu stellen: Der Wahrnehmung – zunächst der Wahrnehmung der Umwelt, in der folgenden Rauhnacht der Selbstwahrnehmung. Viel zu oft geht im Alltag unter, dass das wahrlich Heilsame häufig so naheliegt. Wie beruhigend und kraftspendend kann zum Beispiel schon ein kurzer Spaziergang sein. Dabei können wir unseren Blick für all die wundersamen und wunderschönen Kleinigkeiten schärfen, die sich am Wegrand finden. Vielleicht finden wir eine Feder und nehmen sie mit nach Hause oder einen Stein, der sich in der Hand besonders schön anfühlt. Zu Hause aufbewahrt, erinnern uns diese Gegenstände im angebrochenen Jahr immer wieder daran, dass uns auch die Natur mit allerlei Wunderwerken beschenkt und uns zugleich Ruhe und Ausgeglichenheit bietet. Vielleicht muss es gar nicht immer der große Konsumrausch sein und man kann auch abseits der reizüberfluteten Einkaufszentren Freude und kleine Geschenke für sich selbst finden. Beschriftet man diese Fundstücke mit Datum und Fundort, stellen sie zugleich ein kleines Museum voller persönlicher Erinnerungen dar, an dem man sich das ganze Jahr hindurch erfreuen kann

Die Wahrnehmung schärfen für alles, was uns unmittelbar umgibt
Dieses Ritual lässt sich auch mit der „Meditation der Stille" kombinieren. Es liest sich auf den ersten Blick relativ einfach und man mag dabei denken: „nichts leichter als das". Bei der Umsetzung werden wir allerdings schnell feststellen, dass es gar nicht so leicht ist, seine uneingeschränkte Aufmerksamkeit und all seine Gedanken auf die Natur und die unmittelbare Umgebung zu lenken. Für dieses Ritual empfiehlt es sich, einen ruhigen Platz in schöner Umgebung aufzusuchen. Das kann ein Stein an einem Bachlauf sein oder eine Bank, von der aus man den verschneiten Wald überblicken kann. Wir schließen nun die Augen und richten unsere ganze Aufmerksamkeit auf die Klangwelt, die uns umgibt. Dabei sollten die Gedanken so weit wie möglich zum Stillstand kommen. Wir konzentrieren uns nur darauf, was von außen in unsere Gedankenwelt eindringt – vielleicht das leise Wehen des Windes, das Plätschern eines Baches oder das entfernte Rascheln eines Vogels oder eines anderen Waldtieres? Dann öffnen wir die Augen wieder und versuchen den Ursprung der Geräusche zu finden, die wir eben nur erlauscht haben. Wir blicken in die verschneiten Bäume, durch die der Wind sanft streicht. Wir erkennen verschiedene Tierspuren im Schnee und sehen den Bach, der leise neben uns raunt. Bei diesem Ritual geht es um ein bewusstes Sehen und Wahrnehmen der Schönheit, die uns alltäglich umgibt. Natürlich ist es in der Stadt schwieriger, solche Orte zu finden, aber selbst in einem kleinen Park kann man vieles entdecken, was das Herz mit Liebe erfüllt. All diese kleinen Eindrücke, die unsere Seele berühren, aber die wir im Alltag viel zu leicht übersehen, können wir gebündelt in uns aufnehmen und auch in stressigen Situationen wieder abrufen.

EINE KLEINE AUFGABE

Heute nehmen wir uns Zeit für einen kleinen Spaziergang, das kann im Stadtpark sein oder auf einem Feldweg außerhalb des Ortes oder im Wald. Wir gehen mit wachsamem Auge durch die Natur und nehmen alle Besonderheiten wahr, die am Wegesrand zu finden sind. Ziel des Spazierganges ist es, einen Gegenstand, ein Tier oder eine Pflanze zu entdecken, die uns besonders anspricht. Was ist es? Und haben wir es zuvor schon einmal bemerkt? Was fasziniert uns daran? Vielleicht die Form, die Farbgebung, die Funktion?

WIE WAR DAS IN FRÜHEREN ZEITEN?

Die Wahrnehmung der Natur

Der Blick der Menschen war in früheren Zeiten geschärft und die Wahrnehmung war empfänglich, wenn es darum ging, An- und Vorzeichen in ihrem unmittelbaren Lebensumfeld wahrzunehmen. Dabei konnte es sich um nahende Wetterumschwünge, um eine veränderte Wuchsweise gewisser Pflanzen oder auch um das Verhalten der Tiere handeln. Aus all diesen Faktoren konnten Deutungsweisen resultieren, die von großer Wichtigkeit für nachfolgende Ereignisse waren.

Wann habe ich zuletzt einen Spaziergang unternommen und bewusst alles
wahrgenommen, was auf meinem Weg liegt?

Habe ich ein empfängliches Auge und ein offenes Herz für die großen und
kleinen Wunder, die es draußen zu entdecken gibt?

Kann ich eine kindliche Freude in mir erwecken über zufällig am Wegesrand aufgesammelte Gegenstände und Pflanzen, etwa einen besonderen Stein oder eine schöne Blume?

Welche Geräusche kommen mir als erstes in den Sinn, wenn ich an meinen letzten Spaziergang denke?

TAGEBUCH

Wetter und Mondstand

□ ☀ □ ○

□ ☁ □ ●

□ 🌧 □ 🌙

□ 💨 □ 🌙

□ ❄

Überlieferte Wetterprophezeiungen für den heutigen Tag:

. . . .

. . . .

Sonnenschein: *Gefahr durch viele starke Unwetter, viele Brände durch Blitzeinschläge.*
Schneefall oder Regen: *Ein lang gehegter Wunsch geht im Spätsommer in Erfüllung.*
Wind: *Schlechte Ernte.*

Wie habe ich geschlafen?

□ ruhig □ unruhig

□ mehrfach erwacht □ schlaflose Nacht

Was habe ich geträumt?

. . . .

. . . .

. . . .

Wie war mein Tag? Was habe ich heute gemacht? Was hat sich ereignet?
Wie war meine Stimmung? Hatte ich besondere Gedanken, Gefühle?

. . . .

. . . .

. . . .

. . . .

Ist heute etwas Besonderes geschehen? Habe ich ein Zeichen erhalten,
etwas Symbolhaftes erfahren? Ist etwas Unerwartetes eingetreten?
Hat sich ein „Wunder" ereignet?

. . . .

. . . .

. . . .

Selbstwahrnehmung

SELBSTEINSCHÄTZUNG · SELBSTLIEBE ·
AUF SICH SELBST ACHTEN

8. RAUHNACHT

(9. RAUHNACHT)

31. DEZEMBER/1. JANUAR / TAG 1. JANUAR

Diese Nacht steht für den Monat August im neuen Jahr.

Empfehlung für eine Räuchermischung: 1 Teil Weihrauch, 1 Teil Myrrhe; mögliche Ergänzung durch ein „modernes" Kraut: Eisenkraut

Tageslosung, die während des Räucherns aufgesagt werden kann: Ich bin gut, so wie ich bin.

Namenstag / Name des Tages: Neujahrstag

Bauernregel: Neujahrsnacht, still und klar, deutet auf ein gutes Jahr.

Bauernweisheit: Wer heute gut isst, muss das ganze Jahr keinen Hunger leiden. Dementsprechend gab es am heutigen Neujahrstag im Bauernleben reichlich und reichhaltige Speisen und sogar Nachtisch, was zur damaligen Zeit eher unüblich war. Auch das Gesinde durfte mit am Tisch sitzen und sich nach Herzenslust satt essen. In vielen Regionen wird am Neujahrstag auch in einem solchen Umfang gebacken, dass das Brot bis zum Dreikönigstag nicht ausgeht.

- In manchen Gegenden räuchert man heute alle Stuben mit gesegnetem Weihrauch aus.
- Süddeutschland: Heute sollte man viel und deftig essen, allerdings muss man darauf achten, dass immer ein Rest auf dem Teller zurückbleibt, dann wird man im kommenden Jahr keine Not leiden müssen.
- Mit Fröhlichkeit muss das neue Jahr begonnen werden. Das Glückwünschen ist nicht nur bloße Höflichkeit, sondern ein wirksamer Zauber.
- Man darf sich nur nie über Kreuz gratulieren oder beglückwünschen, sonst schlägt alles Gute ins Gegenteil um.
- Schlägt man am Neujahrsmorgen in aller Früh das Gesangbuch oder die Bibel auf, gibt das erste Wort, das einem ins Auge fällt, Auskunft über das nächste Jahr.
- Man darf den ganzen Tag über nichts aus dem Haus geben, verleihen oder verkaufen, da man sonst das Glück mit aus dem Haus gibt.

Der heutige Tag markiert den Zenit der Rauhnächte und ist einem kraftvollen Themenkreis gewidmet: der Selbstwahrnehmung, der Selbstliebe und der Empfindung seines inneren und äußeren Selbst. Eine einfache Formel besagt: So wie man sich selbst sieht, so wirkt man auch nach außen. Und tatsächlich ist niemals eine vermeintlich oberflächliche Schönheit das, was einen Menschen zum Leuchten bringt, es ist immer eine strahlende Seele, ein Mensch, der mit sich selbst und allem um sich herum im Reinen ist. Dennoch spielt auch die Gesunderhaltung des eigenen Körpers eine große Rolle. Vor allem in den Wintertagen wird dies oft vernachlässigt. Es ist einfacher, in der warmen Stube einem guten Essen zuzusprechen, als hinaus in die Kälte zu gehen und aktiv zu werden. Dabei ist es gerade an den kalten Tage wichtig, körperlichen Aktivitäten nachzugehen und die Lebensgeister zu wecken. Heilkräuter und auf ihnen beruhende Anwendungen haben in den Rauhnächten eine besonders starke Wirkung. Somit bietet es sich also an, seinen Körper am heutigen Tag mit einem guten Tee zu verwöhnen und einmal über unsere Ernährungsgewohnheiten und Bewegungsmuster nachzudenken. Es ist nie zu spät, ein neues Körperbewusstsein zu entwickeln, ein Körpergefühl, das mit einem ausgeglichenen Geist harmonieren kann.

Sich selbst verzeihen

In einem vorangehenden Ritual wurde erwähnt, wie wichtig die Fähigkeit ist, anderen verzeihen zu können. Ebenso ist es von großer Bedeutung, sich selbst gegenüber nachsichtig zu sein und Fehler verzeihen zu können. Selbstverständlich ist damit nicht gemeint, dass man alles, was man falsch gemacht hat, einfach verdrängen soll. Vielmehr geht es darum, seine Fehler bewusst zu reflektieren und dann aber auch loslassen zu können. Es ist kräftezehrend für Körper und Geist, immer wieder über sein Fehlverhalten nachzugrübeln und sich in den Wunsch zu versteigen, dass man es ungeschehen machen könnte. Wir schließen die Augen, legen unsere Hände in Höhe des Herzens flach auf die Brust und denken an eine Situation, in der wir uns schlecht oder unrecht verhalten haben. Es geht nur um diesen Moment, die daraus entstandenen Konsequenzen oder ein „was wäre, wenn es anders gelaufen wäre" blenden wir bewusst aus. Dann sprechen wir laut und deutlich: „Ich verzeihe mir. Ich weiß, dass ich damals nicht anders handeln konnte. Mit dem jetzigen Erfahrungsschatz würde ich mich anders verhalten, ich habe aus der Situation gelernt." Diese Übung kann abgeschlossen werden, sobald es sich gut anfühlt.

EINE KLEINE AUFGABE

Wir stellen uns in einem ruhigen und ungestörten Moment vor einen Spiegel und schauen uns in die Augen. Zuerst nehmen wir die Oberflächlichkeiten war: Wie bewerten wir unser Gesicht, unseren Körper? Was macht uns aus? Wie kleiden wir uns? Der Blick wandert über das ganze Spiegelbild und kehrt dann wieder zurück zu den Augen. Nun wird die Wahrnehmung in die Tiefe gezogen. Wir erspüren unser Innerstes, unser Herz, unsere Seele und spüren den Gefühlen nach, die dabei zum Vorschein kommen. Nach einigen Minuten nehmen wir etwas mehr Abstand zum Spiegel, betrachten uns als Ganzes und sagen laut oder in Gedanken: „Ich bin wunderschön, so wie ich bin. Innerlich und äußerlich. Ich liebe mich."

WIE WAR DAS IN FRÜHEREN ZEITEN?

Die Achtsamkeit dem eigenen Selbst und dem eigenen Körper gegenüber wurde früher nicht so bewusst gelebt, wie dies heutzutage möglich ist, ergab sich aber oftmals aus den Lebensumständen. Noch vor wenigen Jahrzehnten waren die meisten Menschen in der Landwirtschaft oder im Handwerk tätig und aus diesen Gründen zu allen Jahreszeiten körperlich aktiv und viel an der frischen Luft. Zudem war es unüblich, durch Ernährungsgifte, wie zum Beispiel durch zu viel Zucker, seinem Körper zu schaden. Selbstverständlich wirkte sich die viele beschwerliche Arbeit und die oftmals karge Ernährung nicht immer positiv auf die Gesundheit aus. Damals gab es für die Menschen keine andere Wahl, während wir in unserer heutigen Zeit durchaus eine Wahlmöglichkeit haben und auf unsere körperliche Gesundheit achten und das damit einhergehende Wohlbefinden und positive Selbstbild beeinflussen können.

Ist es mir wichtig, was andere über mich denken?

Lege ich mehr Wert auf innere oder auf äußere Schönheit?

Wenn ich sofort etwas an mir ändern könnte, was wäre das – und was hat mich bisher davon abgehalten?

. . . .

. . . .

. . . .

. . . .

Kann ich Liebe für mich empfinden?

. . . .

. . . .

. . . .

. . . .

Welche schädlichen Umgangsweisen mit meinem eigenen Körper könnte ich ablegen oder reduzieren?

. . . .

. . . .

. . . .

Wetter und Mondstand

☐ ☀️   ☐ ⚪

☐ ☁️   ☐ ⚫

☐ 🌧️   ☐ 🌙

☐ 💨   ☐ 🌙

☐ ❄️

Überlieferte Wetterprophezeiungen für den heutigen Tag:

. . . .

. . . .

Sonnenschein: *Eine neue Anschaffung wird sich bezahlt machen.*
Schneefall oder Regen: *Lange Schlechtwetterperiode ab April.*
Starkes Morgenrot am Neujahrstag: *Ein Krieg wird im kommenden Jahr ausbrechen.*

Wie habe ich geschlafen?

☐ ruhig   ☐ unruhig

☐ mehrfach erwacht   ☐ schlaflose Nacht

Was habe ich geträumt?

. . . .

. . . .

. . . .

. . . .

Wie war mein Tag? Was habe ich heute gemacht? Was hat sich ereignet?
Wie war meine Stimmung? Hatte ich besondere Gedanken, Gefühle?

. . . .

. . . .

. . . .

. . . .

Ist heute etwas Besonderes geschehen? Habe ich ein Zeichen erhalten,
etwas Symbolhaftes erfahren? Ist etwas Unerwartetes eingetreten?
Hat sich ein „Wunder" ereignet?

. . . .

. . . .

. . . .

Gutes anziehen

AN DAS GUTE GLAUBEN • DEN EIGENEN GEFÜHLEN VERTRAUEN •
POSITIVE GEDANKEN HEGEN

9. RAUHNACHT

(10. RAUHNACHT)

1./2. JANUAR / TAG 2. JANUAR

Diese Nacht steht für den Monat September im neuen Jahr.

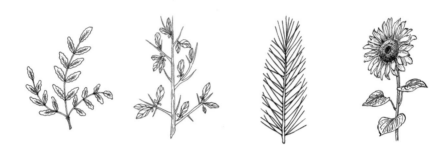

Empfehlung für eine Räuchermischung: 1 Teil Weihrauch, 2 Teile Myrrhe, 2 Teile Fichtenharz; mögliche Ergänzung durch ein „modernes" Kraut: Sonnenblume

Tageslosung, die während des Räucherns aufgesagt werden kann: Ich fühle, wie ich alles Gute anziehe. Alles Positive kommt zu mir.

Namenstag / Name des Tages: Schlägelstag, Markarius, hl. Katherina, hl. Gregor

Bauernregel: Wie das Wetter an Markarius war, so wird der September: trüb oder klar!

Bauernweisheit: Obwohl heute der erste Arbeitstag im neuen Jahr ist, darf noch immer nichts Schweres in Angriff genommen werden. Dies bezieht sich auch auf Eingriffe in die eigene Gesundheit. So sollen nach altem Brauch am heutigen Tag medizinische Maßnahmen, sofern diese nicht dringend nötig sind, unterlassen werden. Früher war zum Beispiel der Aderlass strengstens verboten.

- Bayern: Heute soll man keine Handwerker ins Haus bestellen, es wird ihnen nichts gelingen.
- Süddeutschland: Wer heute Holz hackt oder einen Baum fällt, zieht sich die Kröten und Frösche ins Haus.
- Man darf heute keinen Nagel einschlagen.
- In den ersten Tagen des Jahres ist man sehr empfänglich für allerlei Eingebungen und Vorahnungen und sollte immer auf sein Gefühl hören, vor allem wenn der Vollmond auf diese Tage fällt.

Das neue Jahr hat begonnen. Für viele fühlt sich der Neujahrstag noch wie ein Übergang an, die Wandlung hat das Bewusstsein noch nicht völlig erreicht. Dennoch kann nun der Blick endlich nach vorne gerichtet werden. 365 neue, unbeschriebene Tage warten auf uns und wollen mit Zuversicht begonnen werden. In der kraftvollen Neujahrsnacht sind wir empfänglicher als sonst für verschiedene Gefühle und Stimmungen. Die stille Schönheit der winterlichen Landschaft, die festliche Stimmung der Weihnachtstage, das schaurige Empfinden, das durch die alten Rauhnachtssagen und –märchen entsteht, all das regt unser Gefühlsleben auf intensive Weise an. Die Herausforderung besteht nun darin, diese Emotionen zu nutzen, um gezielt das Gute in unser Leben zu holen. Oft prägt die „Farbe" unserer Gedanken unsere unmittelbare Lebenswelt. Wenn wir positiv empfinden, Liebe aussenden und klare, helle Gedanken hegen, werden wir automatisch positive Dinge anziehen.

Gutes anziehen

Oft kann es dabei helfen, uns positiver und gestärkter zu fühlen, wenn wir ein kleines Schutzritual durchführen. Dafür ist wieder die Kraft der Gedanken entscheidend. Wir entzünden in einem stillen Moment eine Kerze, beobachten die Kerzenflamme und nehmen das warme, goldene Licht in uns auf. Mit diesem Licht verbinden wir Glück und Segen. Wir schließen nun die Augen und spüren in Gedanken, wie uns das Licht komplett umhüllt. Wie ein Mantel schließt es sich um unseren Körper und lässt nur Gutes zu uns durchdringen. Alles Negative perlt an diesem goldenen Schutzmantel ab.

EINE KLEINE AUFGABE

Heute notieren wir im Laufe des Tages zehn Dinge, die uns gut gelungen sind, auf die wir stolz sind, die uns eine Freude gemacht oder ein anderes positives Gefühl in uns hinterlassen haben. Kurz vor dem Einschlafen betrachten wir diesen Zettel noch einmal und freuen uns über diesen Schatz an Kleinigkeiten, die unsere Seele streichelten.

Die Wahrnehmung der Natur

Neben den frommen Gebeten und liebevollen Zwiegesprächen mit Gott spielten im ländlichen Volksglauben vor allem auch Bannsprüche oder -symbole eine große Rolle. Bannsprüche waren gewissermaßen uralte „Zaubersprüche", welche nur innerhalb der eigenen Familie weitergegeben wurden. Diese Weitergabe erfolgte nach einem strengen Regelwerk: Der „Übergeber" musste immer der Ältere sein und der Spruch musste „übers Kreuz", also an eine Person des anderen Geschlechts, überliefert werden. So konnte der Vater die Bannsprüche der Familie an die Tochter weitergeben. Wurde ein Dritter Zeuge dieses Vorganges oder bekam den Spruch auf andere Weise mit, wurde der Zauber auf der Stelle wirkungslos oder richtete sich gegen die ursprünglichen Wisser. Neben den Bannsprüchen gab es auch gewisse Symboliken, die, über Haus- und Stalltür eingeritzt oder angebracht, schlechte Geister, Krankheiten und Flüche von Mensch und Tier fernhielten. Bekannte Bannsymbole sind zum Beispiel in Balken eingekerbte Pentagramme oder über der Haustür angenagelte Hirschgeweihe, um Hexen und Dämonen am Eintreten zu hindern.

Bin ich mir bewusst, dass die Einfärbung meiner Gedanken unmittelbar auf mein Leben wirkt?

Lasse ich oft Negatives an mich heran und werde dadurch belastet?

Gelingt es mir, klar zu formulieren, was mir guttut?

. . . .

. . . .

. . . .

. . . .

. . . .

. . . .

Kann ich darauf vertrauen, dass letztendlich immer alles gut wird?

. . . .

. . . .

. . . .

. . . .

. . . .

. . . .

. . . .

TAGEBUCH

Wetter und Mondstand

☐ ☀

☐ ☁

☐ 🌧

☐ 💨

☐ ❄

☐ ○

☐ ●

☐ 🌙

☐ 🌙

Überlieferte Wetterprophezeiungen für den heutigen Tag:

. . . .

. . . .

Sonnenschein: *Ein Verrat im Freundeskreis.*
Schneefall oder Regen: *Bodenfrost bis in den Mai hinein, schlechte Obsternte.*

Wie habe ich geschlafen?

☐ ruhig   ☐ unruhig

☐ mehrfach erwacht   ☐ schlaflose Nacht

Was habe ich geträumt?

. . . .

. . . .

. . . .

. . . .

Wie war mein Tag? Was habe ich heute gemacht? Was hat sich ereignet?
Wie war meine Stimmung? Hatte ich besondere Gedanken, Gefühle?

. . . .

. . . .

. . . .

Ist heute etwas Besonderes geschehen? Habe ich ein Zeichen erhalten,
etwas Symbolhaftes erfahren? Ist etwas Unerwartetes eingetreten?
Hat sich ein „Wunder" ereignet?

. . . .

. . . .

. . . .

Gutes aussenden

ANDEREN GUTES TUN · NÄCHSTENLIEBE

10. RAUHNACHT

(11. RAUHNACHT)

2./3. JANUAR / TAG 3. JANUAR

Diese Nacht steht für den Monat Oktober im neuen Jahr.

Empfehlung für eine Räuchermischung: 1 Teil Myrrhe, 2 Teile Fichten-harz; mögliche Ergänzung durch ein „modernes" Kraut: Mädesüß

Tageslosung, die während des Räucherns aufgesagt werden kann: Ich gebe von Herzen gern. Meine ganze Person strahlt Gutes aus.

Namenstag / Name des Tages: Caspar, Kaspar (nicht der eigentliche Namenstag, aber in manchen Regionen wurde der drei heiligen Könige in den Tagen vor dem Dreikönigstag einzeln gedacht, ehe dann der 6. Januar ihr gemeinsamer Feiertag war)

Bauernregel: Wenn's drei Tag nach Neujahr Regen gibt, oft um Ostern Schnee noch stiebt.

Bauernweisheit: In manchen Gegenden ist heute tagsüber das Spinnen aus-drücklich erlaubt. Es heißt sogar, dass der Faden, der heute gesponnen wird, allerlei magische Eigenschaften besitzt und nie reißt oder verschleißt.

- Reisende und Wanderer sind heute besonders geschützt.
- Bayern: Heute soll man sich nicht die Füße waschen, sonst fallen die Zehennägel ab.
- Wer heute einen Apfel oder eine Nuss vom Boden aufhebt, bekommt auf der Stelle einen schlimmen Ausschlag.
- Süddeutschland: Wer heute den Teufel sehen will, muss sich auf dem Dachboden auf eine Kuhhaut setzen.

Manchmal bekommt man das Gefühl, dass ein jeder nur noch für sich selbst lebt, wirtschaftet und nur auf sein eigenes Wohl bedacht ist. Dieser Eindruck mag natürlich oft täuschen, dennoch ist es aber nur recht selten zu beobachten, dass Menschen aus Uneigennützigkeit und wahrer Nächstenliebe heraus handeln. Dabei wäre das Leben so viel einfacher und berührender, wenn man stets bemüht wäre, Gutes nach außen zu tragen und anderen Menschen unvoreingenommen und liebevoll zu begegnen. Wie leicht ist etwas Gehässiges gedacht oder etwas Negatives an einem anderen hervorgehoben – aber hinterlässt das ein gutes Gefühl in uns? Wäre es nicht viel angenehmer, an anderen Menschen das Positive zu sehen und sich ihnen gegenüber liebevoll und umsichtig zu verhalten?

EIN RITUAL FÜR DEN HEUTIGEN TAG

Ein Kerzlein für eine liebe Person anzünden

Das ist eine kleine und einfach umzusetzende Übung, die aber dennoch viel Gutes bewirken kann. Gleich heute beim Aufstehen denken wir an eine Person aus unserem Verwandten- oder Freundeskreis, die im Moment vielleicht viele Sorgen hat oder der es gesundheitlich nicht gut geht. Wir zünden eine Kerze für sie an und wünschen ihr mit all unserer Kraft und aus tiefstem Herzen alles Liebe und Gute und dass sich eine Lösung für ihre Sorgen finden möge. Beim Zubettgehen pusten wir die Kerze aus und wünschen der Person noch einmal in Gedanken, dass sich das Schicksal zum Positiven wenden möge. Natürlich kann dieses Ritual auch für mehrere Menschen zugleich praktiziert werden.

EINE KLEINE AUFGABE

Die heutige Aufgabe besteht darin, einer anderen Person unmittelbar zu helfen, einen Gefallen zu tun oder eine Freude zu machen. Vielleicht kann man einen älteren Nachbarn beim Einkauf unterstützen? Oder auf der Straße eine fremde Person ansprechen und ihr spontan und aufrichtig ein Kompliment für etwas machen, das uns ins Auge gestochen ist?

WIE WAR DAS IN FRÜHEREN ZEITEN?

Gutes nach außen tragen

Als die Menschen noch enger beieinander waren, war man naturgegebenermaßen um das Wohl der Nachbarn und Freunde besorgt. Auch Almosen für die Armen wurden früher großzügig verteilt. In manchen Rauhnächten war es sogar Brauch, der Toten mit der „Speisenschenkung" zu gedenken. Man deckte für sie am Tisch ein volles Gedeck ein oder stellte Speisen, zum Beispiel Gebäckstücke, über Nacht auf die Fensterbank.

Kann ich anderen Menschen offen und herzlich begegnen?

Habe ich schon einmal spontan einer fremden Person etwas Nettes gesagt oder ein Kompliment gemacht?

Bin ich empathisch und merke, wenn andere Menschen Hilfe benötigen?

Gibt es ein wohltätiges Projekt, an dem ich mich beteiligen oder eine Spenden-organisation, die ich unterstützen könnte?

Wetter und Mondstand

☐ ☀ ☐ ○

☐ ☁ ☐ ●

☐ 🌧 ☐ 🌙

☐ 🌬 ☐ 🌙

☐ 🌨

Überlieferte Wetterprophezeiungen für den heutigen Tag:

. . . .

. . . .

Sonnenschein: *Der Monat Mai im kommenden Jahr wird eine Überraschung oder uner-*
wartete Wendung bereithalten.
Schneefall oder Regen: *Der Schnee bleibt bis nach Ostern liegen.*

Wie habe ich geschlafen?

☐ ruhig ☐ unruhig

☐ mehrfach erwacht ☐ schlaflose Nacht

Was habe ich geträumt?

. . . .

. . . .

. . . .

. . . .

Wie war mein Tag? Was habe ich heute gemacht? Was hat sich ereignet?
Wie war meine Stimmung? Hatte ich besondere Gedanken, Gefühle?

. . . .

. . . .

. . . .

Ist heute etwas Besonderes geschehen? Habe ich ein Zeichen erhalten,
etwas Symbolhaftes erfahren? Ist etwas Unerwartetes eingetreten?
Hat sich ein „Wunder" ereignet?

. . . .

. . . .

. . . .

Glaube

DEN GLAUBEN LEBEN • GOTT RAUM IM LEBEN GEBEN

11. RAUHNACHT

(12. RAUHNACHT)

3./4. JANUAR / TAG 4. JANUAR

Diese Nacht steht für den Monat November im neuen Jahr.

Empfehlung für eine Räuchermischung: 1 Teil Myrrhe, 1 Teil Tannenharz, 1 Teil Salbei; mögliche Ergänzung durch ein „modernes" Kraut: Efeu

Tageslosung, die während des Räucherns aufgesagt werden kann: Gott nimmt einen wichtigen Teil in meinem Leben ein. Er ist allgegenwärtig, führt und formt mich.

Namenstag / Name des Tages: Melchior (siehe auch vorangegangene Rauhnacht)

Bauernregel: Knarrt an Melchior viel Eis und Schnee, gibt's zur Ernt' viel Korn und Klee.

Bauernweisheit: Der heutige Tag ist der vorletzte „verworfene Tag". Heute bietet sich noch einmal die Gelegenheit, Dinge, die in den vergangenen Rauhnächten nicht beachtet wurden, wieder gut zu machen oder um Vergebung zu bitten.

ALTE BRÄUCHE UND RITUALE

- Bayern: Besondere Aufmerksamkeit wird heute den Obstbäumen geschenkt. Schlagen ihre Äste im Sturmwind gegeneinander, ist dies ein Zeichen dafür, dass sie im nächsten Jahr reichlich tragen werden.
- Heute darf man keine Erbsen oder andere Hülsenfrüchte essen, da man sonst die Krätze oder Geschwüre bekommt. Man soll Erbsen nicht einmal mit Namen nennen.
- Süddeutschland, Österreich: Wer heute geboren wird, ist ein Glückskind, kann aber auch Werwölfe und Geister sehen.
- Süddeutschland: In der heutigen Nacht steigen versunkene Schlösser aus dem Boden und offenbaren ihre Schätze. Die Glocken versunkener Kirchen beginnen zu läuten.

Heute ist ein sogenannter „verworfener Tag". Diese Tage bieten die Möglichkeit, Fehlverhalten und Versäumnisse zu erkennen und um Vergebung zu bitten. Man hat das Gefühl, das Gott und die Kirche im Leben der Menschen eine immer kleinere Rolle einnehmen, die wenigsten besuchen noch regelmäßig den Gottesdienst und die Kirchenaustritte häufen sich. Dabei sind dem Glauben existenzielle Funktionen eigen, er bringt die Menschen zusammen, schafft Gemeinsamkeit, vermittelt Werte, spendet Trost, Hoffnung und Lebenssinn. Gerade in schweren Zeiten ist der Rückhalt, den die Religion vermittelt, elementar. Durch die Religion versammeln sich einzigartige Individuen zu einer Gemeinschaft der Gläubigen. Wenn die Religion aber das Herz des Einzelnen nicht zu erobern vermag, kann die Gemeinschaft nicht überleben. Letzten Endes kommt es auf den Einzelnen an, wenn er mit Gott die Wahrheit sucht. Er sondert die Einzelheiten aus, wägt die Beweismittel ab und trifft die Entscheidungen, die für ihn von größter Bedeutung sind. Im Leben des Menschen geht es um Bedeutung. Unsere Natur führt uns zu geistigen Fragen nach dem Sinn. Die Religion bietet einen Rahmen, in dem man Antworten und ihre Bedeutung suchen, finden und weitergeben kann. Zwischen Glaube und der ewigen Frage nach dem Lebenssinn besteht ein untrennbarer Zusammenhang. Mehr als alles andere gibt die Religion der Suche des Einzelnen nach dem Sinn Richtung und Gestalt.

Einen kleinen Altar im Haus errichten und das Zwiegespräch mit Gott suchen

Das Ritual kann an einem kleinen Altar durchgeführt werden, den man vielleicht ohnehin schon im Haus stehen hat oder extra für diesen Zweck errichtet. Auch hier sind der eigenen Kreativität keine Grenzen gesetzt. Der Altar kann nach Belieben geschmückt und mit Bildern der persönlichen Lieblings- und Schutzheiligen ausgestattet werden. Ebenso kann man den Altar als eine Art Gedenkplatz für die Ahnen gestalten und darauf Bilder und Erinnerungsgegenstände an verstorbene Verwandte platzieren. Je nach Geschmack kann der Altar umfangreich geschmückt und dekoriert werden. Dazu kann eine schöne Tischdecke zum Einsatz kommen, auf welcher alles, was passend erscheint, ausgebreitet wird. Weihnachtsschmuck eignet sich genauso wie eigene Basteleien, Kristalle oder Dinge, die wir selbst in der Natur gefunden haben: Steine mit einer besonderen Form, Geweihstücke, Moos, Tannenzweige, was immer uns anspricht. Dieser persönliche Altar lädt immer wieder zum Gebet ein und dazu, die Nähe zu Gott zu suchen. Der Altar muss nicht zwingend nur ein Platz für Gebete sein, er kann auch einen Ruhepol im Haus darstellen: ein Ort, an dem man Geborgenheit findet, seinen Gedanken nachgehen und seiner verstorbenen Lieben sowie seiner Ahnen gedenken kann.

Gott in uns spüren

Wir setzen uns aufrecht auf einen Stuhl oder auf den Boden, achten darauf, dass wir entspannt sind und der Atem ruhig und gleichmäßig fließen kann. Wir schließen die Augen. Wir spüren, dass wir fest mit dem Boden verankert sind und gleichzeitig unser Geist frei und leicht über uns schwebt. Nun lenken wir unsere Achtsamkeit auf unsere Brust. Wir konzentrieren uns auf die Atmung aus unserer Körpermitte und verspüren eine angenehme Wärme und Weite in uns. Hinter unseren geschlossenen Augen wird es hell und klar. Diese Helligkeit und das Licht breiten sich in unserem ganzen Körper aus. Wir verspüren nur Freude, Licht und grenzenlose Liebe in uns. Gott ist in jeder Faser unseres Körpers. Um die Meditation zu beenden, öffnen wir wieder unsere Augen und nehmen das wohlige Gefühl mit in den weiteren Tagesverlauf.

WIE WAR DAS IN FRÜHEREN ZEITEN?

Glaube

Der Glaube war früher eine der Hauptsäulen des Lebens und des Zusammenlebens der Menschen. Gott hatte in jeder kleinen Behausung Raum und der Glaube an Gott spendete den Menschen die Kraft, den teilweise sehr beschwerlichen Alltag zu bestreiten. Alle Versuche, den Glauben im Laufe der Jahrhunderte zu unterdrücken, sind gescheitert. Die Religion bot all die Jahre hindurch den Rahmen für das ganze Zusammenleben und die Kirchen wurden stets als besondere Stätten der Zusammenkunft gepflegt und in Ehren gehalten.

Gebe ich Gott den Raum in meinem Leben, den er verdient?

Wann habe ich zuletzt aus tiefstem Herzen gebetet?

Vertraue ich auf Gott?

. . . .

. . . .

. . . .

. . . .

. . . .

. . . .

Finde ich Trost und Zuversicht im Gebet?

. . . .

. . . .

. . . .

. . . .

. . . .

. . . .

TAGEBUCH

Wetter und Mondstand

☐ ☀   ☐ ◯

☐ ☁   ☐ ⬤

☐ 🌧   ☐ 🌙

☐ 🌬   ☐ 🌙

☐ 🌨

Überlieferte Wetterprophezeiungen für den heutigen Tag:

. . . .

. . . .

Sonnenschein: „Einer geht und einer kommt" – eine Person aus dem Familienkreis wird
versterben, eine neue wird geboren werden.
Schneefall oder Regen: Das ganze neue Jahr über sollte sparsam gehaushaltet werden.
Eiseskälte: Reiche Ernte.

Wie habe ich geschlafen?

☐ ruhig   ☐ unruhig

☐ mehrfach erwacht   ☐ schlaflose Nacht

Was habe ich geträumt?

. . . .

. . . .

. . . .

. . . .

Wie war mein Tag? Was habe ich heute gemacht? Was hat sich ereignet?
Wie war meine Stimmung? Hatte ich besondere Gedanken, Gefühle?

. . . .

. . . .

. . . .

. . . .

Ist heute etwas Besonderes geschehen? Habe ich ein Zeichen erhalten,
etwas Symbolhaftes erfahren? Ist etwas Unerwartetes eingetreten?
Hat sich ein „Wunder" ereignet?

. . . .

. . . .

. . . .

Lebenssinn

ERKENNTNIS · SINNFRAGE · LEBENSZIEL

12. RAUHNACHT

(13. RAUHNACHT)

4./5. JANUAR / TAG 5. JANUAR

Diese letzte Nacht endet um 0.00 des 5. auf den 6. Januar in der Dreikönigsnacht mit Beginn des Dreikönigstages.

Sie steht für den Monat Dezember im neuen Jahr.

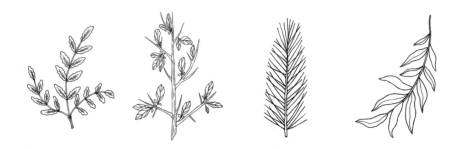

Empfehlung für eine Räuchermischung: 1 Teil Weihrauch, 2 Teile Myrrhe,
2 Teile Fichtenharz; mögliche Ergänzung durch ein „modernes" Kraut: Wei-
denrinde

Tageslosung, die während des Räucherns aufgesagt werden kann: Ich bin
zu jeder Stunde meines eigenen Glückes Schmied und kann mein Leben
allezeit mit Sinnhaftigkeit erfüllen.

Namenstag / Name des Tages: Balthasar (siehe entsprechende Erklärung
zu den vorangegangenen zwei Rauhnächten) / (Nacht vom 5. auf den
6. Januar) Dreikönigsnacht, Nacht der Wunder, Hollanacht, Perchtanacht,
stärkste Rauhnacht, Krachnacht, Höllennacht

Bauernregel: Ist die Nacht vor'm Dreikönigstag sonnig und still, der Winter
vor Ostern nicht weichen will.

Bauernweisheit: Heute ist die stärkste aller Rauhnächte. Das Böse begehrt
noch einmal mit all seiner Kraft auf, ehe sich die Tore zur Anderswelt wie-

der schließen. Es empfiehlt sich deswegen, heute unbedingt alle Vorschriften und Schutzmaßnahmen einzuhalten. Heute ballen sich ebenfalls noch
einmal viele Bräuche und rituelle Handlungen. So finden seit vielen hundert
Jahren in der Nacht vom 5. auf den 6. Januar die Perchtenumzüge statt, um
das Böse endgültig in die Schranken zu weisen. Zudem kommen aber auch
die guten Geister, die Seelen der Ahnen, in der heutigen Nacht ein letztes
Mal zu Besuch, bevor ihr Wirken bis zum Jahresende wieder unterbunden
ist. Noch einmal deckt man heute in den Bauernstuben den Tisch reichlich
für sie mit und lässt immer einen Krug Milch und etwas Brot auf der Fensterbank stehen.

- Wasser, das um Mitternacht aus Quellen geschöpft wird, hat eine besonders starke Heilkraft.
- Heute ist wieder eine starke prophetische Nacht und alle in ihr geträumten Visionen werden sich erfüllen.
- Der Dreikönigswind ist ein heiliger Wind, der Stube und Haus segnet und Glück bringt.
- Wie am Neujahrsabend kann man auch in der Dreikönigsnacht in die Zukunft sehen. Verschiedene Orakel, zum Beispiel Bleigießen oder Lichterschwimmen, können ausgeübt werden.
- Um einen schnellen und gesunden Gang zu erhalten, legt man sich einen Zettel mit den Namen der Heiligen Drei Könige in den rechten Schuh.
- Nach dem Dreikönigsräuchern schließen alle Familienmitglieder einen Kreis und der Hausvater räuchert jede Person einmal kurz an. Fehlt jemand in diesem Kreis, verstirbt er im nächsten Jahr.
- Ehen, die am Vorabend von Dreikönig angebandelt werden, werden dauerhaft glücklich sein.

Heute ist die letzte Rauhnacht. Die Erkenntnisse und Erfahrungen der vorangegangenen Tage haben uns bereits einiges über uns selbst gelehrt. Wir können unsere Wünsche und Ziele nun klar formulieren, haben ein neues Bild davon gewonnen, wie wir gerne sein wollen, im Umgang mit uns selbst und mit anderen. Als letzter Entwicklungsschritt soll nun die Frage gestellt werden, wie wir unseren persönlichen Lebenssinn definieren. Wir sind zu jeder Zeit Schöpfer und Gestalter unseres eigenen Lebens, wir können ihm durch unsere Wahrnehmung und unser Empfinden Sinn verleihen und gleichsam in erfüllender Sinnhaftigkeit leben. Unser persönlicher Lebensweg ist unmittelbar integriert in den unendlichen Kreislauf des Lebens. Um diesen Lebensweg erfolgreich zu beschreiten, braucht es klare Ziele, welche uns die Richtung weisen. Worauf wollen wir hinarbeiten? Was soll das letztendliche große Ziel sein? Was für ein Mensch möchte ich gern sein?

Lebenszeitachse

Heute gibt es noch einmal eine praktische Aufgabe. Wir benötigen dafür drei große Blätter und einige Buntstifte. Auf den drei Blättern entwerfen wir eine Zeitachse. Das erste Blatt steht für unsere Geburt, Kindheit und Jugend. Es symbolisiert die weiter zurückliegende Vergangenheit. Wir unterteilen es in einzelne Lebensjahre (oder Jahreszahlen). Das zweite Blatt steht für unsere Gegenwart, also die Erwachsenenjahre bis zum aktuellen Alter. Das dritte Blatt ist die Zukunft, es reicht bis zum unbekannten Ende. Nun gehen wir in Gedanken jedes Jahr auf dem Zeitstrahl durch und tragen alle Ereignisse ein, die unser Leben maßgeblich beeinflusst haben. Das können schöne Erfahrungen, tragische Erlebnisse oder traurige Verluste sein. Nach und nach ergibt sich ein übersichtliches Bild über unser bisheriges Leben – was hat uns zu dem Menschen werden lassen, der wir aktuell sind? Das dritte Blatt ist die schwierigste Aufgabe. Nun müssen wir selbst kreativ werden und die unbeschriebene Zukunft farbig gestalten: Was wünschen wir uns in welchem Jahr? Welche weiteren Erfahrungen oder Erlebnisse sollten in unserer Vorstellung noch eintreten, um das weitere Leben mit Sinn zu erfüllen? Welche Visionen habe ich für das nächste Jahr, für den Rest meines Lebens? Das ganze Bild kann farbenfroh und kreativ gestaltet und als tägliche Erinnerung im eigenen Zuhause aufgehängt werden. Oder man verstaut es und gleicht Jahr für Jahr ab, ob sich die Ereignisse auf der Zeitachse schon erfüllt haben.

EINE KLEINE AUFGABE

Wir legen uns hin und stellen uns vor, gerade aus dem Schlaf erwacht zu sein – an einem Tag und in einem Leben, das sich völlig sinnvoll und sorgenfrei anfühlt. Welche Personen umgeben uns? Wo leben wir? Was arbeiten wir? Wir konzentrieren uns auf das Gefühl, das sich bei der Visualisierung dieses perfekten Tages ergibt. Nachdem diese kleine Gedankenübung beendet ist, bewahren wir das Gefühl in uns und stellen uns die Frage, wie es sich anfühlen würde, wenn dieses Gefühl dauerhaft präsent wäre. Welche Schritte sind nötig, um die Präsenz dieses Gefühls Realität werden zu lassen?

WIE WAR DAS IN FRÜHEREN ZEITEN?

In früheren Zeiten waren die Menschen oft in Lebensumstände, zumeist entstanden durch soziale Konstrukte, hineingeboren, aus denen auszubrechen ihnen unmöglich war. So blieb zum Beispiel einer Magd oder einem Knecht und wiederum deren Kindern auch durch Leistung in den seltensten Fällen die Chance, einen gesellschaftlichen oder wirtschaftlichen Aufstieg zu erreichen. In unserer Kultur und unserer aktuellen Zeit besteht für die meisten (leider noch immer nicht für alle) zumindest die Möglichkeit, an der Umsetzung ihrer Ziele und Wünsche zu arbeiten.

Welche Dinge fallen mir spontan ein, wenn ich den Begriff „Lebenssinn" höre?

Welche Schritte würden mich dem von mir empfundenen Lebenssinn näherbringen?

Was hielt mich bisher davon ab, ein sinnhaftes Leben zu führen?

Welche eigenen Lebenserfahrungen prägten mich maßgeblich?

. . . .

. . . .

. . . .

. . . .

Welche Lebenserfahrungen von anderen berühren mich?

. . . .

. . . .

. . . .

. . . .

Wie sollen andere Menschen dereinst über mich berichten, wenn ich nicht
mehr bin?

. . . .

. . . .

. . . .

. . . .

TAGEBUCH

Wetter und Mondstand

☐ ☀   ☐ ○

☐ ☁   ☐ ●

☐ 🌧   ☐ 🌙

☐ 💨   ☐ 🌙

☐ ❄

Überlieferte Wetterprophezeiungen für den heutigen Tag:

. . . .

. . . .

Sonnenschein: *Im neuen Jahr werden viele Buben geboren.*
Schneefall oder Regen: *Im neuen Jahr werden viele Mädchen geboren.*

Wie habe ich geschlafen?

☐ ruhig   ☐ unruhig

☐ mehrfach erwacht   ☐ schlaflose Nacht

Was habe ich geträumt?

. . . .

. . . .

. . . .

. . . .

Wie war mein Tag? Was habe ich heute gemacht? Was hat sich ereignet?
Wie war meine Stimmung? Hatte ich besondere Gedanken, Gefühle?

. . . .

. . . .

. . . .

. . . .

Ist heute etwas Besonderes geschehen? Habe ich ein Zeichen erhalten,
etwas Symbolhaftes erfahren? Ist etwas Unerwartetes eingetreten?
Hat sich ein „Wunder" ereignet?

. . . .

. . . .

. . . .

Urvertrauen und Loslassen

TRANSFORMATION UND NEUANFANG

————— Die Pforten zur Anderswelt schließen sich um Mitternacht in der Dreikönigsnacht, die Wilde Jagd ist vorübergezogen und Frau Perchta begibt sich für eine kurze Weile zur Ruhe, ehe sie im Frühjahr in milderer Form zurückkehrt und die Fruchtbarkeit über die Wiesen und Felder bringt. In den verbleibenden Stunden der Nacht sollte man noch Vorsicht walten lassen, es könnte sein, dass die ein oder andere verlorene Seele den Weg noch nicht zurückgefunden hat. Aber spätestens mit Anbruch des Tageslichtes wird spürbar, dass nun die lichte und sanfte Seite des Winters bevorsteht. Der heutige Dreikönigstag gilt als Schlusspunkt und Neuanfang zugleich. Die Wandlung ist fast vollbracht und alles Alte und Belastende kann abgeworfen werden. Dieser Schlusspunkt der Rauhnächte möchte die gewonnenen Erfahrungen der letzten Rauhnächte zusammenbringen und die Wandlung vervollständigen.

HEILIGE DREI KÖNIGE

6. JANUAR

Empfehlung für eine Räuchermischung: 1 Teil Weihrauch, 1 Teil Myrrhe; mögliche Ergänzung durch ein „modernes Kraut": Copal

Tageslosung, die während des Räucherns aufgesagt werden kann: Ich spüre die Veränderung in mir und um mich herum.

Namenstag / Name des Tages: Kaspar, Melchior, Balthasar, Dreikönigs-nacht, Fest der Erscheinung des Herrn, Epiphanie, Epiphanias

Bauernregel: Ist heilig drei König hell und weiß, kommt der Frühling ohne Eis, wird der Sommer sicher heiß.

Bauernweisheit: Im Alpenraum begann das neue Jahr lange Zeit erst am 6. Januar. Dort wurde der heutige Tag auch „Hohes Neujahr" genannt.

- Das Anschreiben der Initialen C + M + B auf den Haustüren besorgt der Hausvater, der Priester oder der dienstälteste Knecht.

- Am Dreikönigstag wünscht man jungen Mädchen und jungen Burschen einen guten Mann beziehungsweise eine gute Frau.

- Die Tiere im Stall bekommen ein wenig Salz aus der Dreikönigsweihe mit ins Futter gemischt.

- Der Dreikönigstag ist der „Allloser" – das heißt, jede Stunde dieses Tages deutet, der Reihe nach, für einen Monat des neuen Jahres die Witterung an.

- An vielen Orten wandern die Kinder bei den Dreikönigszügen auch auf die Felder und stampfen und hüpfen darauf herum. Sie symbolisieren damit eine mildere Ausgestaltung der lärmenden Furchtbarkeitsgeister und bitten um eine reiche Ernte.

Heute ist der letzte Tag des Rauhnachtszyklus, der Schlusspunkt unserer Rauhnachtsreise für dieses Jahr. Der Dreikönigstag bietet noch einmal die Möglichkeit, zu reflektieren und ein Resümee zu ziehen. Wir sollten allerdings nicht enttäuscht sein, wenn sich nicht alles so umsetzen ließ, wie wir es uns zu Beginn erhofft haben oder wenn manche problematischen Lebensthemen noch nicht gelöst werden konnten. Gleich dem Zyklus des Jahreslaufes, an dessen Ende immer wieder die Rauhnächte stehen, kann auch unsere Seele endlos reifen und es bietet sich immer wieder die Möglichkeit, an dieser Reifung zu arbeiten und Wachstum zu erzielen. Zugleich steht dieser letzte Tag auch für das Loslassen, für das Urvertrauen. Das Vertrauen darin, dass das Leben es gut mit uns meint, dass alles seinem ursprünglichen Sinn zugeführt werden wird und dass Gott als Lenker und Leiter eine entscheidende Funktion zukommt. Die Kunst des Urvertrauens besteht darin, in dieser letzten Rauhnacht alles loszulassen, was wir in den vergangenen Tagen gelernt und erfahren haben. Wir können die Wandlung zulassen. Wir müssen es dem Leben selbst überlassen, ob unsere Wünsche und Vorstellungen Wirklichkeit werden. Aber wir konnten durch unsere persön-

liche Reise dazu beitragen, dass die Saat gesetzt wurde und in uns die opti-
malen Bedingungen herrschen, um eines Tages wundervolle Früchte ernten
zu können. Ein wesentliches Kriterium, ob unsere Ziele Potential zur Ver-
wirklichung haben, ist, ob wir sie aus ganzem Herzen er- und verspüren
können. Nur etwas, das seine Quelle tief in unserem Herzen hat, wird sich
letztendlich zu etwas entwickeln, das unsere Seele zum Leuchten bringt. So
liegt es nun also an uns, auf das Leben zu vertrauen und darauf, dass alles,
was noch kommen wird, am Ende gut sein wird.

EINE KLEINE AUFGABE

Wir öffnen alle Fenster und Türen weit, entlassen die bösen Geister der Vergangenheit und lassen Helligkeit und Licht in die Stuben strömen. Wir nehmen das Licht und die frische, klare Luft in uns auf und werden uns der Wandlung bewusst, die sich in den vergangenen Tagen in uns vollzogen hat. Wir sind uns selbst wieder ein Stück nähergekommen, haben uns besser kennengelernt, Erkenntnisse gewonnen, worauf es im Leben ankommt. Wir haben unser Herz und unsere Seele weiter wachsen lassen.

Wie fühlte sich die diesjährige Rauhnachtsreise in der Retrospektive für mich an?

. . . .

. . . .

. . . .

. . . .

Was ist gut gelaufen, welche positiven Veränderungen oder Erkenntnisse konnte ich mitnehmen?

. . . .

. . . .

. . . .

. . . .

Was hätte ich mir anders gewünscht, was konnte noch nicht aufgearbeitet werden?

. . . .

. . . .

. . . .

. . . .

Kann ich bereits eine Veränderung feststellen? An mir? Daran, wie ich das Leben sehe?

. . . .

. . . .

. . . .

. . . .

. . . .

. . . .

Welche Gefühle empfinde ich, wenn ich an das neue Jahr denke?

. . . .

. . . .

. . . .

. . . .

. . . .

. . . .

Wetter und Mondstand

☐ ☀   ☐ ○

☐ ⛅   ☐ ●

☐ 🌧   ☐ 🌙

☐ 💨   ☐ 🌙

☐ 🌨

Überlieferte Wetterprophezeiungen für den heutigen Tag:

. . . .

. . . .

Sonnenschein: *Früher Frühling, heißer Sommer.*
Schneefall oder Regen: *Eine düstere Prophezeiung wird sich bewahrheiten.*

Wie habe ich geschlafen?

☐ ruhig   ☐ unruhig

☐ mehrfach erwacht   ☐ schlaflose Nacht

Was habe ich geträumt?

. . . .

. . . .

. . . .

Wie war mein Tag? Was habe ich heute gemacht? Was hat sich ereignet?
Wie war meine Stimmung? Hatte ich besondere Gedanken, Gefühle?

. . . .

. . . .

. . . .

Ist heute etwas Besonderes geschehen? Habe ich ein Zeichen erhalten,
etwas Symbolhaftes erfahren? Ist etwas Unerwartetes eingetreten?
Hat sich ein „Wunder" ereignet?

. . . .

. . . .

. . . .

SCHLUSSGEDANKEN

DAS EIGENE HERZ UND DIE SEELE WIEDER SPÜREN

Wir leben in einer Zeit des konstanten Wandels, schneller noch als einige Jahrzehnte zuvor. Gesellschaftliche Grundstimmungen, der Einfluss der Religionen, die Lebensweise der Menschen, die Sichtweise der Menschen auf viele Dinge, der Umgang mit den Mitmenschen, mit der Natur und Pflanzenwelt, alles ist im Wandel begriffen. Nach wie vor gibt es jedoch Konstanten in unserem Leben, die die Jahre hindurch überdauert haben, die oftmals gar über dieses Erdenleben hinausreichen und die für uns genauso gültig sind wie für unsere Vorväter. Sie können unsere Gefühlswelt nachhaltig prägen und unser Herz und unsere Seele öffnen, wenn wir unseren Sinn dafür schärfen: der Wechsel der Jahreszeiten und die verschiedenen Empfindungen, die damit verbunden sind, die elementaren Ereignisse in unserem Leben wie Geburt und Tod, Freundschaften und Gemeinschaft, generell der Umgang miteinander und mit der Tier- und Pflanzenwelt, der Glaube und seine Wirkungsweise auf das ganze Menschenleben und natürlich die Liebe als stärkste und alles beeinflussende Kraft.

WORAUF ES WIRKLICH ANKOMMT

Begleitend zu den einzelnen Rauhnächten werden in diesem Buch auch ein paar der alten Bräuche vorgestellt. Manche mögen auf den ersten Blick kurios wirken oder uns gar zum Schmunzeln bringen. Sie entstammen einer Zeit, die nicht mehr die unsere ist und Lebensumständen, die wir in mancher Hinsicht nicht mehr nachvollziehen können. Ebenso wurde altes Kräuterwissen rund um den Brauchtumsschatz des Räucherns vorgestellt. Diese Bräuche entstanden aus einem ganzheitlichen Blick auf die Welt und spiegeln das Notwendigste und Entscheidenste der ganzen Lebenswelt wider: den achtsamen Blick auf sich selbst und auf alles Umgebende, auf die Mitmenschen, auf die Tier- und Pflanzenwelt. Die Fähigkeit, Liebe zu empfinden und diese auch zum Ausdruck zu bringen: Selbstliebe, Nächstenliebe, sowie die Liebe zu Gott. Mögen sich auch die Lebensumstände entscheidend gewandelt haben, all die Jahrzehnte und Jahrhunderte hindurch haben sich diese wichtigen Lebensthemen nicht verändert. Wir können viel über uns selbst und unser Leben lernen, wenn wir diese Thematiken aus einem veränderten Blickwinkel betrachten.

Wie keine andere Zeit im Jahr eignen sich die Rauhnächte, sich mit sich selbst zu beschäftigen, sich Fragen zu seinem Dasein zu stellen und sich in Achtsamkeit mit allen Dingen zu üben. Was auch immer wir für Antworten finden und welche Erfahrungen wir machen werden, die gewonnenen Erkenntnisse werden uns ein Stück weiter bringen auf der größten Reise, die wir unternehmen: unserer Lebensreise. Im neuen Jahr werden einige der Samen erblühen, die wir in diesen Rauhnächten gesät haben. Jede neue Herausforderung, die das Leben für uns bereithalten wird, bietet die Möglichkeit, weiter zu wachsen und zu reifen. Es besteht zu jedem Tag und jeder Stunde die Möglichkeit, unser Herz weiter zu öffnen, unseren Mitmenschen mit aufrichtiger Liebe und Güte zu begegnen und Gott in unserem Leben Raum zu geben. Und in gleichem Maße werden auch wir diese Wertschätzung erfahren und das Leben auf einer neuen Wahrnehmungsebene empfinden können.

ABSCHIEDSWORTE

So ist es nun an der Zeit, Abschied zu nehmen. Ich wünsche mir, dass Sie ein klein wenig aus der Lektüre mitnehmen und im neuen Jahr für sich nutzen können. Sei es eine Erweiterung des bereits vorhandenen Wissens oder ein neugewonnenes und gewachsenes Interesse am alten Brauchtumsschatz. Vielleicht haben Sie auch eine leise Ahnung davon erhalten, worauf Sie den Fokus im neuen Jahr lenken wollen, was Ihnen guttut oder was besser aus Ihrem Leben verbannt werden sollte. Oder aber gar ein Herz, das ein klein wenig empfindsamer für das Umgebende geworden und ein wenig weiter für die Liebe geöffnet worden ist. Das auch in unserer modernen Welt noch auf die leisen Töne der Vergangenheit zu lauschen und die verborgenen Geheimnisse des Lebens zu erspüren vermag. Und selbst wenn Sie dieses Jahr nur einen kleinen Teil der Anregungen umsetzen konnten, jedes Jahr beginnt die Reise aus der Dunkelheit ins Licht wieder aufs Neue und bietet die Möglichkeit, seine Seele weiter reifen zu lassen. Im Folgejahr könnten Sie dann das Tagebuch erneut zur Hand nehmen und vergleichen, ob es wirklich den Notizen entsprechend verlaufen ist: Gab es Überschneidungen, wie zum Beispiel Träume, die sich bewahrheitet haben oder ist manches ganz anders gekommen als erwartet?

Möge das neue Jahr viele schöne Stunden und tiefgreifende Erlebnisse für Sie bereithalten sowie viele kleine Momente, die Ihr Herz nachhaltig berühren. Ich danke Ihnen von Herzen für Ihre Zeit, sich mit meinem Büchlein zu befassen.

LITERATUR

Wunderbare Anregungen, vor allem zur Ritualgestaltung und zu den Meditationen
konnte ich nachfolgenden empfehlenswerten Büchern entnehmen:

Courtenay, Elfie: Rauhnächte – Die geheimnisvolle Zeit zwischen den Jahren, München,
2013.

Kirschgruber, Valtenin: Das Wunder der Rauhnächte, München, 2013.

Kirschgruber, Valentin: Von Sonnwend bis Rauhnacht, München, 2015.

SONSTIGE LITERATURQUELLEN

Bächtold-Stäubli, Hans; Hoffmann-Krayer Eduard (Hrsg.): Handwörterbuch des deut-
schen Aberglaubens. Bände 1–10. Nachdruck der Ausgabe de Gruyter, Berlin/Leipzig
1936/1937 (Originalausgabe). De Gruyter, Berlin/New York 1986/1987.

Binder, Egon M.: Alte Bräuche – frohe Feste zwischen Donau, Inn und dem Bayerwald,
Passau, 1994.

Böck, Emmi (Hrsg.): Sagen aus Niederbayern, Regensburg, 1977.

Cloos, Walther: Das Jahr der Erde, Stuttgart, 1986.

Cotterell, Arthur: Die Enzyklopädie der Mythologie, Reichelsheim, 1999.

Courtenay, Elfie: Rauhnächte – Die geheimnisvolle Zeit zwischen den Jahren, München,
2013.

De las Heras, Brigitte: Die Reise durch den Jahreskreis, Darmstadt, 2005.

Fenzl, Paul: Sagen aus Bayern – Von Hexen, Heiligen und Halunken, München, 2014.

Griebert-Schröder, Vera; Muri Franziska: Mein Begleiter durch die Jahreszeiten,
München, 2018.

Griebert-Schröder, Vera; Muri Franziska: Vom Zauber der Rauhnächte – Weissagungen,
Bräuche und Rituale für die Zeit zwischen den Jahren, München, 2012.

Grimm, Jacob: Deutsche Mythologie, Göttingen, 1835.

Hager, Franziska; Heyn, Hans: Drudenhax und Allelujawasser. Volksbrauch im Jahreslauf,
Rosenheim, 1979

Hauke, Claudia (Hrsg.); Waldvereinssektion Viechtach e.V.: Rauhnacht im Bayerischen
Wald, Viechtach, 1979.

Hering, Annett: Die Rauhnächte – Im Fluss der Zeiten. Vachendorf, 2020

Herzog, Annemarie: Gelebte Rau(ch)nächte. 2019–2021.

Hofbauer, Josef: Vom Leben und Brauchtum. Ohne Ortsangabe, 1985.

Kerscher, Otto: Brauchtum und Leb'n in der alten Bauernstub'n, Grafenau, 1981.

Kerscher, Otto: Von alten Bräuchen unserer Heimat, Straubing, 2000.

Kleist, Herbert: Volksglaube und Volksbrauch während der Zwölften im ostdeutschen Landschaftsraum, Greifswald, 1938.

Kirschgurber, Valentin: Von Sonnwend bis Rauhnacht – Feste, Bräuche und Rituale im Kreislauf des Jahres, München, 2015.

Kuchler, Franz: Rauhnacht im Winterbrauchtum, Tittling/Passau, 1990.

Knauers Lexikon der Mythologie, München, 1998.

Lettl, Josef: Nach altem Brauch. Hoagarteng'schichten von Sebastiani bis Silvester, Regensburg, 1981.

Maier, Bernhard: Lexikon der keltischen Religion und Kultur, Stuttgart, 1994.

Mayer, Peter; Sigi Gehmacher: Brauchtum übers Jahr im alten Bayern, München, 2010.

Mayerhofer, Karl: Ahnenerbe – Von Sitten und Brauch in Altbayern, München, 1927.

Meier, Ernst; Bausinger Hermann (Hrsg.): Deutsche Sagen, Sitten und Gebräuche aus Schwaben, ohne Ortangabe, 1983

Melzer, Simone Anja: Rauhnachtsreise. Norderstedt, 2021.

Perschten-Stiftung (Hrsg.): Bayerische Rauhnacht – Sagen, Mythen und Legenden, Kirchseeon, 2008.

Probst, Josef: Rauhnächte im Bayerischen Wald – Mythen, Orakel, Sagen und Brauchtum, Grafenau, 2016.

Roth, Mathilde: Durchs ganze Jahr. Ohne Ort, ohne Jahresangabe.

Ruland, Jeanne: Das Geheimnis der Rauhnächte – Ein Wegweiser durch die zwölf heiligen Nächte, Darmstadt, 2009.

Ruland, Jeanne: Mein Rauhnacht Tagebuch, Darmstadt, 2018.

Schmidt, Leopold: Brauch ohne Glaube, München, 1977.

Simek, Rudolf: Religion und Mythologie der Germanen, Stuttgart, 2003.

Von Au, Franziska: Bauernregeln und Naturweisheiten Tag für Tag, München, 1997.

Waltinger, Michael (Hrsg.): Niederbayerische Sagen, Regenstauf, 2017.

Weidner, Christopher: Rauhnächte – Die zwölf heiligen Nächte – Rituale – Brauchtum – Weissagungen, Rottenburg, 2012.

Das Literaturverzeichnis erhebt keinen Anspruch auf Vollständigkeit. Zudem: mündliche Überlieferungen, Kalenderbeilagen, Vereinsblätter, Lexika.

INTERNETQUELLEN

https://www.raeucherwerk-ratgeber.com/anleitung-raeuchern/
https://www.mondfee.de/raeucherwerk-wirkung/
https://www.raeucherwerk-ratgeber.com/